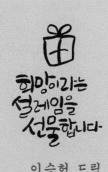

희망이라는
설레임을
선물합니다

이승헌 드림

문장 자기계발 신서 ❷

1판 1쇄 인쇄 2020. 7. 5
1판 1쇄 발행 2020. 7. 10

발행처 도서출판 문장
발행인 이은숙

등록번호 제 2015. 000023호
등록일 1977. 10. 24.

서울시 강북구 덕릉로 14(수유동)
대표전화 : 02-929-9495
팩시밀리 : 02-929-9496

ISBN 978-89-7507-082 03320

*정가는 뒷표지에 있습니다.

한의사 이승헌의

SELF
자기헌신
DEDICATION

도서
출판 문장

머리말

　간혹 환자들 가운데에는 몸이 문제라기보다 정신이 문제인 사람들이 온다. 나약한 마음과 별 거 아닌 일에 스트레스를 과도하게 받으며 신체 장기의 건강까지 망가뜨린 사람들도 많다. 그들에게 아무리 마음과 생각을 바꾸라고 이야기해도 자신의 삶이 가장 큰 문제이고 가장 큰 고민이다. 세상 불행을 다 짊어지고 있다며 고집을 꺾지 않는다. 이런 사람들은 그 어떤 명약을 처방해도 나을 수가 없다

　이럴 때면 나는 슬그머니 나의 바지를 걷어 올린다. 보조기가 지탱하고 있는 나의 가는 다리. 그리고 나의 목발과 휠체어를 보여 준다. 이런 몸으로 한의사가 되어 사람들의 질병을 고쳐 주고 있다. 아이러니다.

우주 만물은 항상 평형을 맞추려 노력한다. 평형이 깨질 때 문제가 발생하고, 갈등이 일어나며 예기치 않은 사건들이 터진다. 한의학에서는 인체의 조화와 중심을 잡는 것을 목표로 하고 있다. 나의 업인 한의학은 나의 삶에도 큰 가르침과 철학이 된다. 중심을 잡고 어느 한쪽으로 일그러지거나 기울어지지 않도록 하는 것. 내가 가진 장애라는 결핍이 주변 사람들의 스트레스와 불경기 등 모든 것을 채워주는 희망의 시그널이 될 수도 있다.

이 책은 그렇게 해서 쓰게 된 것이다. 부와 명예, 건강과 행복을 우리는 무작정 추구하지만 그 근본원리는 조화이다. 부족한 부분을 채우고 넘치는 부분을 덜어내면서 살 수 있도록 하면 행복해진다. 그것은 자기헌신이 있어야만 가능한 일이다. 그동안 내가 환자들 5만 명 이상 진료하며, 혹은 강연을 다니며 보고 듣고 느낀 것을 요약 정리하였다. 이 땅의 힘들고 어려운 사람들에게 조금이나마 도움이 되면 좋겠다.

이 책이 나오는 데에는 많은 사람들의 도움이 있었다. 먼저 사랑하는 나의 아내와 네 자녀에게 감사의 마음을 전한다. 그들이 있었기에 나의 삶은 온전히 유지된다. 나를 아는 수많은 사람들의 후원도 있었다. 그 헌신적인 후원이 부족한 책을 세상에 나오게 했다. 밴드를 만들어 지지하고 응원해준 모든 분들에게 평생 은혜 잊지 않겠다고 약속한다.

그리고 책을 마무리하며 가장 안타깝고 가슴 아픈 건 돌아가신 부모님이다. 조금만 더 사셨더라면 이 아들이 쓴 책을 손에 잡아 보셨을텐데. 왜 그리 일찍 가신 건지. 장애가 있는 아들을 위해 모든 걸 다 내주고 후원하신 우리 부모님께 이 책을 바친다. 극락에서도 분명 이 아들의 노력을 응원하실 것이다. 두 분이야말로 자기헌신의 표상이다. 부족한 이 책을 부모님의 영전에 바친다. 부디 흡족하시길....

2020년 초여름 울산에서 이승헌

1_ 지혜는 지식보다 강하다

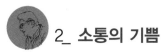

2_ 소통의 기쁨

3_ 꿈이 자라는 노력이라는 토양

4_ 사랑은 영원하다

 5_ 임상의 햇살

 **6_ 추천사**

1장

지혜는 지식보다 강하다

행복하고 싶다면 만족하라

가끔 보면 내원한 환자들 가운데 화(火)기가 많은 사람이 있다.

성질도 다혈질이고 분을 못 참다 보니 몸이 견디다 못해 병을 부른다. 우리 몸이라는 것은 기혈(氣血)이 돌면서 근육이 강화되고 생체가 활성화하게 되어 있다. 심장은 불덩어리니 그 열을 식히기 위해서 아래에서 물이 올라와 돌아야 한다. 한 마디로 순환이 잘 되어야 체온이 유지되고 밸런스를 맞출 수 있는 것이다. 이 순환에 문제가 발생하면 병이 생긴다. 몸의 장기와 조직, 그리고 세포는 다 연결되어 있다. 대상요법이라고 하여 몸의 반대쪽이 서로 상관이 있다는 것을 나는 가끔 보여준다. 주로 한의학을 불신하는 사람들에게 보여주는 원리인데 왼팔을 못 쓰는 사람의 오른팔에 침을 놓으면 왼팔이 움직이는 이치이다. 순식 간에 효험으로 꼼짝않던 팔이 움직이는 걸 보게 되면 의심을 거 두고 믿게 된다.

가끔 자신의 처지를 한탄하는 환자들도 만나게 된다. 열에 북 받쳐 한 여름에 땀을 뻘뻘 흘리며 부채질을 하고 에어컨 켜 놓은 진료실 덥다고 난리다. 그럴 때면 나는 웃으며 말한다.

"이 더위에 제 다리 한번 보시지요."

바지를 걷어 올리면 보조기 안에 있는 내 가는 다리는 내복으로 감싸여 있다. 이런 다리를 하고 더위를 견디고 있다는 걸 보는 순간 환자들은 당황하며 흥분했던 열을 가라앉힌다. 내가 한여름에도 내복을 입고 있는 이유는 바로 나의 장애 때문이다.

나의 어린 시절 어머니는 구부러진 내 다리를 펴고 어떻게든 병을 고쳐 보겠다고 사방팔방에 알아 보셨다. 몸을 바로잡는 수술비용이 2천만 원이나 한다는 것이 아닌가. 지금으로 계산하면 억도 넘는 큰돈이다. 우리 형편에 할 수 있는 수술이 아니었다.

그때 어머니는 사방팔방으로 알아보다 여수에 있는 병원이 싸게 수술 해준다는 소리를 들었다. 소아마비 장애인들은 다 알고 있는 여수애향재활병원. 원래는 그 곳이 나병환자촌이었다. 서양 선교사들이 나병을 고쳐 주려고 와보니 한국에 소아마비가 너무 많아 진료과목을 추가하였다는 것이다. 소아마비 환자들의 뒤틀어지고 일그러진 몸을 바로잡아주는 수술을 중점적으로 했다.

5학년 때부터 나는 여름 방학만 되면 그 병원에 가서 수술을 받았다. 그때 돈으로 몇 십만 원이면 수술비가 해결되기에 많은 환자들이 전국에서 몰려드는 곳이다. 지금 생각하면 말도 안 되는 일이 그때는 벌어지곤 했다. 의사들이 담배를 피우며 수술을 하거나 창문을 열어 놓고 있기도 했다. 병원 앞에는 민박집들이 환자들을 수용해주는 병실 역할을 하고 있었다. 딱 일주일만 입원할 수 있는 병원이었다.

나는 그 병원에서의 첫 번째 수술로 왼쪽 엄지발가락에 핀을 박아 힘의 균형을 잡고, 오른쪽 굽은 발목을 펴게 되었다. 차가운 수술대 위에 올라 수술을 기다리는데 대개는 하반신 수술이기에 척추 마취를 이용한 부분 마취법을 사용하는 케이스였다. 그런데 나는 특이체질인지 마취가 되질 않았다. 아프다고 계속 비명을 질렀다.

"아파요! 아파요!"

그러면 다리 위쪽의 공기압을 좀 더 올려놓고 메스를 댄다. 또 나는 비명을 지른다.

"아, 아파요!"

내가 마취가 되지 않는다는 것을 비로소 알게 된 의사들은 전신마취를 시켜 놓고 수술을 했다.

"지금부터 주사 하나를 놓을 거야. 그럼 안 아플 테니 한숨 푹 자라."

말이 끝나자 기억이 없어졌다. 수술이 끝날 때까지 어머니는 밖에서 내내 기다리셨을 터라 얼마나 초조했을까. 귀한 아들이 수술대 올라 있으니.

다른 아이들은 부분 마취를 했기 때문에 수술실에서 나올 때 앉아 있거나 가족들과 바로 대화를 나누었다. 어머니도 그걸 기대했는데 수술실을 나온 나의 상태는 전신마비가 되어 정신을 차리지 못하는 것이 아닌가.

"아이고, 승헌아. 아이고!"

어머니는 내가 죽은 줄 알았다고 했다. 내 수술이 있기 바로 전날 한 아이가 수술 도중 운명을 달리했다는 이야기를 들은 바가 있어 더 떨리고 무서웠던 거다.

마취가 깨어난 뒤 나는 큰 통증이 느껴졌다. 그 고통을 참고 견디다 진통제를 맞으면 잠시 밥이라도 한 술 뜰 수 있었다. 그러고 나면 얼마 지나지 않아 다시금 통증과 싸우며 견뎌야만 했다. 다리를 깁스하고 퉁퉁 감은 채 일주일 뒤에 집으로 돌아왔다. 더운 여름방학에 쇠젓가락으로 깁스에 작은 구멍을 파서 몸통 안쪽을 긁으며 괴로워했다. 기한이 되어 깁스를 자르고 실밥을 빼고 돌아왔다.

가끔 자신의 처지를 크게 한탄하는 환자를 만나게 된다. 무더위에 땀을 뻘뻘 흘리며 부채질을 하거나 에어컨 켜 놓았는데도 덥다고 난리다. 그럴 때 나는 웃으며 말한다.

"제 다리는 이 여름에도 싸늘해요."

그래도 나는 감사하게 생각한다. 내가 비록 소아마비에 걸렸더라도 오체가 그대로 있기 때문이다.

팔다리가 있다는 건 몸에 열을 발산할 수 있다는 뜻이다. 몸이 뜨거워질 때 팔다리에서 열이 발산되어야 건강을 유지한다. 발란스가 유지되는 셈이다. 그래서 오체가 없는 팔다리 잘린 장애인들은 열이 날 경우에 열 발산을 하지 못해 쉽게 건강을 해치는 경우가 있다. 나의 처지를 항상 감사해야 하는 법이다. 독일의 대 문호 괴테도 이렇게 처지에 대해 말했다.

"자신을 다른 사람의 처지에 놓아보면 남에게 느끼는 질투나 증오가 없어질 것이다. 또 다른 사람을 자기의 처지에 놓아보면 거만함이나 자아도취가 많이 줄어들 것이다."

한의원에 내원한 환자도 장애를 가지고 있는 나의 이러한 모습들을 보여주면 자신의 처지가 얼마나 행복한지를 깨닫는다. 그러면서 머쓱해 피식 웃는다.

행복은 무엇일까? 나의 처지에 만족하고 감사할 줄 알면 그것이 행복이다. 그 행복을 잊어버리고 인간들은 끊임없이 욕심을 부리며 헛된 욕망을 갖는다.

버리면 바뀐다

초등학교 5학년 때까지 나는 자전거로 등하교를 했다. 하지만 이 자전거에도 발전이 있었다.

처음에는 세발자전거를 타다가 그 이후에는 의자 하나 붙여 놓은 두 사람이 탈 수 있는 세발자전거로 발전했다. 그리고는 마침내 보조 바퀴를 단 두 발 자전거로 갈아탔다. 한참 중심 잡는 걸 익힌 뒤 결국은 보조 바퀴를 떼어내고 탈 수 있게 되었다.

그러나 다른 애들처럼 몇 번 지치다 휙 올라타서 갈 수가 없었기에 나는 보조바퀴가 없는 자전거를 탈 때는 묘기를 부려야만 했다. 담벼락이나 전봇대에 자전거를 중심 잡아 세우고 올라앉아 손으로 벽이나 전봇대를 밀어서 출발한다. 그러고 나서 재빨리 핸들을 잡고 무릎을 눌러 달려가는 것이었다. 그 때는 몸이 가벼워서인지 내 힘이 그 정도는 되었다. 자전거를 타고 다니게 되니 내 인생에서 처음으로 마음대로 움직일 수 있는 이동권을 확보했다. 학교도 이렇게 다녔다.

하지만 문제는 언덕이었다. 언덕 앞에만 서게 되면 나는 한없이 작아졌다. 언덕을 오르려면 평소보다 더 강한 힘을 다리에 줘야 한다. 힘을 줘서 넘어가 보려 해도 부실한 다리의 힘으로 언덕을 정복한다는 건 불가능했다. 그걸 본 친구들이 언덕을 못 넘느냐고 몇 번씩 옆에서 안타까워했다.

한번은 죽기 살기로 도전해 보겠다고 결심을 했다. 양사초등학교 교문에서부터 얼마 되지 않는 언덕이었는데 거기에 도전한 것이다. 평지에서부터 죽을힘을 다해서 있는 힘껏 페달을 밟았다. 스피드와 관성에 의해서 언덕을 넘으려는 것이었다. 있는 힘을 다해 페달을 밟자 마침내 자전거는 그 어느 때보다 빠르게 힘을 냈고, 결국 언덕을 넘어갈 수 있었다. 도전과 용기로 해내지 못할 것이 없다는 사실을 깨달은 계기였다.

하지만 이 자전거도 졸업할 때가 되었다. 5학년 때의 6월 25일. 여수로 가 수술을 받은 뒤에 마침내 자전거를 더 이상 탈 수가 없게 되었다. 이 수술은 이후 두 번이나 계속 되었다. 중학교 1학년 때까지 매년 여름 방학에 가서 수술을 했던 것이다.

첫 수술 후에 우측 다리에 보조기를 찼다. 그리고 목발을 짚는 훈련을 하게 되었다. 나는 자전거를 졸업하게 된 셈이다. 목발을 짚고 걸으니 자전거처럼 빨리 달릴 수는 없었다. 서운하지 않을 수 없었다. 하지만 목발에 적응이 되다보니 자전거와는 또 다른 세계가 열리는 거였다. 목발 짚고 친구들과 축구를 할 수 있었다. 빨리 뛰지 못하는 나는 골키퍼가 되었다. 발과 몸과 목발로 공을 막아대니 훌륭한 문어발 골키퍼인 셈이다. 친구들이 차는 공을 걷어차고 막아내다 보면 목발이 부러지는 일은 부지기수였다.

야구도 가능했다. 포수는 앉아서도 할 수 있다는 생각에 시합에 참여하다가 눈에 공을 맞아 시퍼렇게 멍이 들 때도 있었다. 타석에서 왼쪽 겨드랑이에 지팡이 두 개를 껴서 몸을 지탱하면 오른손으로 야구 배트를 휘두르는 것은 문제가 아니었다. 공을 치면 나 대신 대주자가 1루로 뛰어갔다. 이렇게 나는 친구들과 할 수 있는 모든 일을 함께 하게 되었다. 수술을 하고 목발을 짚었기 때문이다. 하나를 버려야 하나를 얻는 법이다.

그때 야구와 축구를 했던 친구들은 항상 나와 함께 어울려 다녔다. 가끔 나를 처음 보는 낯선 아이들은 '병신'이라든가 '절름발이'라고 놀렸다. 그런 그들과 싸우는 건 내가 아니다. 나의 친구들이 쫓아가 치고 박았다. 내 친구를 왜 놀리냐며 대신 싸우는 거다. 그 친구들은 나에게 늘 힘이 되어 준다.

자전거는 그렇게 해서 나와 멀어졌다. 다리에 힘이 빠져 이제는 페달도 밟기가 어렵다. 운동을 해야 하고 다리에 근력을 붙여야 하는데 요즘은 절실하지가 않다. 자전거로만 이동해야 한다면 아마 지금도 자전거를 타고 있을 것이다. 절실함이야말로 사람의 성장에 필요한 능력이다. 그리고 그런 절실함이 있는 아이들이 뭔가를 해내는 법이다. 성경에도 어린 시절 갖고 있던 아이의 버릇을 버려야 어른이 된다고 했다. 소아마비 장애를 가진 내가 여기까지 올 수 있었던 건 그러한 과정을 거쳐 왔기 때문이다.

감사하면 살아진다

나는 강의를 하러 가면 마지막 말은 대부분 이렇게 끝을 낸다.

"여러분이 얼마나 행복한지 한번 생각하고 돌아가시는 계기가 된 오늘 강의였기를 바랍니다."

사실은 더 많은 말을 하고 싶었다. 여러분은 걸을 수 있잖아요. 여러분은 들을 수도 있잖아요. 여러분은 볼 수도 있네요. 여러분은 입으로 음식과 물을 삼킬 수가 있잖아요. 그리고 여러분은 혼자 숨 쉴 수가 있으니 그 얼마나 감사한 일이 아닐 수가 있습니까?

제한된 시간에 하고픈 말을 다 할 수 없어서 짧게 마무리한다. 그래도 가슴이 열린 사람이라면 알아들었을 것이다.

그러고 보니 내가 말버릇처럼 하는 말도 있다.

"집에 가서서 반가이 맞이하는 아내, 남편 그리고 아이들을 안아 주세요. 그리고 감사하다고 전해보세요. 내 곁에 있어서, 건 강해줘서 라구요."

이 말은 힘들고 어려울 때 내가 나에게 늘상 하는 말이기도 하다. 그것은 감사다. 그래야 내가 살아 갈 힘이 생기기 때문이 다. 이런 의미를 기억하기 좋은 일화가 하나 있다.

어느 날, 부잣집 아버지가 가난한 사람들이 어찌 사는가를 보 여주려고 어린 아들을 데리고 시골로 갔다. 아버지가 부자인 게 얼마나 다행이고 고마운 일인지 아들에게 보여주려는 심사였다. 부자는 그렇게 해서 찢어지게 가난한 농가에서 2~3일을 보냈다. 아침 일찍 일어나 농사를 지었고, 거친 음식을 먹었다. 비좁은 방 에서 잠을 자야 했고 문틈으로 찬바람이 숭숭 들어왔다. 이 정도 면 충분히 고생을 했으리라 생각한 부자 아빠가 아들을 데리고 돌아오면서 아들에게 물었다.

"아들아, 어땠느냐? 재미있었느냐?"

"아주 좋았어요."

"그래, 저 사람들이 어떻게 사는지 보았느냐?"

"예. 확실히 알았어요."

"그래, 무얼 배웠느냐?"

아들이 기다렸다는 듯 대답했다.

"우린 개가 한 마리뿐인데, 그 사람들은 네 마리더라고요. 그리고 우리는 수영장이 마당에 있는데 그 사람들 집앞에는 끝없는 개울이 쫙 흐르더라구요. 그리고 우리 정원에는 수입 전등이 있는데 그 사람들 집에는 밤에 별이 총총 하늘 가득 빛을 내더라고요. 우리 패티오는 앞마당에만 있는데 그 사람들은 지평선처럼 끝이 없더라고요. 우리는 작은 땅 안에서 사는데 그 사람들은 들판이 한이 없더라고요. 우린 하인이 우리를 도와주는데 그 사람들은 남을 도와주더라고요. 우린 음식을 사 먹는데 그 사람들은 직접 길러 먹더라고요. 우리 집은 담장으로 둘려 싸여 있는데 그 사람들은 친구들에게 싸여 있더라고요."

아버지는 망연자실(茫然自失)할 수밖에 없었다. 자기가 생각했던 건 이게 아니었다. 아들이 마지막으로 쐐기를 박았다,

"아빠, 고마워요. 우리가 얼마나 가난한가를 확실히 알게 해주어서요."

보는 관점에 따라 가난한 사람들이 갖고 있는 것이 엄청난 것일 수도 있다. 이 사실을 깨닫고 가진 것과 자신의 환경을 감사하면 항상 좋은 일이 생기므로, 갖고 있지 않은 것에 대해서는 걱정할 필요가 없다. 나에게 가족과 친구가 있다는 그 사실이 얼마나 소중한가를 감사하게 만드는 우화다.

비슷한 우화는 또 있다.

백만장자가 업무로부터 벗어나 모처럼 한적한 바닷가로 휴가를 떠났다. 그런데 휴양지 바닷가에 정박한 낡은 어선에서 한가로이 낮잠을 자는 어부를 보자 물었다.

"당신은 왜 이 시간에 바다에 나가 물고기를 잡지 않소?"

"나는 오늘 이미 하루치 먹을 물고기를 아침에 나가서 잡아 왔소. 가족이 먹고사는 데 충분하오."

백만장자는 답답해서 말했다.

"그러다 태풍이 오거나 코로나 같은 경제 불황이 오면 어쩔 것이오?"

어부는 그런 일은 생각해본 적이 없었다.

"그런 일은 나 모르오."

"내게 좋은 방법이 있소. 물고기를 오늘부터 많이 잡으시오."

"많이 잡아 뭘 하라는 거요?"

"그걸 팔아 돈을 버시오."

"돈을 벌면?"

"그러면 큰 배를 살 수 있소."

"큰 배 사서 뭘 한단 말이오?"

"거기에 일꾼들을 태워 물고기를 잡으면 돈을 더 많이 벌 수 있고 다른 배를 한 척 더 살 수 있소."

"그렇게 해서 얻는 게 뭐요?"

"배의 수를 늘리고, 당신의 회사를 증권회사에 상장하고, 돈을 벌어 빌딩을 사고, 부동산에 투자하면 되오. 한 마디로 부자가 되는 거요."

"부자가 되면 무슨 일을 하는 거요?"

"부자가 되면 좋은 점이 아주 많지만 나처럼 가족과 여유로운 시간을 보낼 수 있고, 은퇴 후에도 휴양지에 와서 이렇게 편안히 살 수 있다오. 멋지지 않소?"

백만장자가 어깨를 으쓱하며 말을 마쳤다. 그러자 어부는 다시 뱃전에 기대어 잠을 청하며 말했다.

"이미 나는 그렇게 살고 있으니 고기 잡으러 또 나갈 필요는 없소."

환자들이 내원해서 자신의 삶을 털어놓고 병에 대해 호소하는 걸 들어보면 이런 생각이 든다.

'인생은 실로 너무나 짧고,
삶은 너무도 고되다.'

게다가 전염병이나 병마까지 찾아오면 우울해지지 않을 수 없다. 그래서 인생은 108번뇌며 고해라고 했다. 그렇지만 병은 고치면 된다. 문제는 마음의 병, 다시 말해 생각이 병드는 것이다. 생각을 고쳐야 진정한 명의라고 하지 않겠나. 생각을 고치는 것은 한의사인 나의 영원한 도전과제이며 삶의 화두이기도 하다.

지나친 배려는 독이다

요즘 젊은 친구들을 보면 결기가 없다. 사람이 매일 결심한대로 살 수는 없는 법이다. 우리 부모 세대는 먹고 사는 게 힘들어서인지 나날이 전쟁이고 가족을 먹여 살리는 것이 결단의 순간들이었다.

그래서인지 어렸을 때 동네에서 보면 작은 이익을 가지고 골목길에서 목소리 높여서 싸우는 모습을 많이 보았다. 왜 어른들은 싸울까 생각했는데 지금 생각해보면 그것이 자기 것을 지키고 원하는 것을 얻기 위한 최선의 노력이었던 셈이다.

요즘은 환자들도 내원하면 반드시 자신의 병을 고치겠다는 의지가 없는 사람도 있다. 아프니까 한번 와봤다는 식이다. 한의원

와봐야 낫겠냐는 거다. 이런 식으로 결기가 없어서는 내가 아무리 좋은 처방을 해주어도 잘 듣지 않는다. 고쳐 보겠다는 의지를 가지고 의사의 말을 듣고 실천할 때 병이 낫는 법이다. 이 세상에 원하는 것들은 대개 결기를 가지고 쟁취해야만 얻을 수 있다.

나는 한의대 다닐 때 학생들에게 인기가 많았다. 경주에서 자취를 하다 보니 내 방이 있었다. 내가 장애를 갖고 있다보니 남에게 폐를 끼치거나 남들에게 뭔가를 강요하는 것이 꺼려졌다. 차라리 내가 희생하고 양보하며 손해보는 게 낫다고 여길 때가 많았다. 특히 여자들에겐 더 더욱 그랬다. 남자 친구 사이에서야 거칠 것이 없었지만 여자는 어떻게 해야 될지 잘 몰랐다. 그저 그들이 편하면 좋겠다고만 생각했다. 불편한 걸 굳이 참으면서 살 필요는 없기 때문이다.

한번은 후배 여학생이 전화가 왔다.

"오빠, 볼일 있어 나왔는데 놀러가도 돼?"

"편한 대로 해. 난 괜찮으니까."

"응. 가도 되는 거지?"

"걸어오기 조금 멀 텐데 괜찮겠어?"

"뭐, 금방이지."

"가도 돼?"

"응. 오려면 오고 말려면 말고. 네가 원하는 대로 해."

그러자 후배는 잠시 뭔가 생각하더니 차갑게 말했다.

"오빠, 나중에 갈게. 친구랑 있어서 그래. 추워서 그냥 집에 갈래."

"그래. 그러면 조심해서 들어가."

나는 여학생을 배려하는 마음에서 오고 싶으면 오고, 말고 싶으면 말라는 거였다. 그런데 나중에 알고 보니 이것은 결기 부족한 지나친 배려였다. 그 여학생은 나의 집에 놀러 와서 나와 함께 지내며 재미있는 시간도 보내고 나와 사귀고 싶었던 거였다. 나중에 이야기를 들은 여자를 좀 아는 친구들은 말했다.

"야. 이 바보야. 그럴 때는 결단력을 보여야지. 여자에게 모든 선택권을 주다니. 그게 무슨 말이야? 빨리 오라든가, 저녁 때 방에서 고기 구워먹자. 고기나 사와라. 그래야 명분이 생겨서 오는 거야. 그런데 네 맘대로 해, 괜찮아, 편한 대로 해. 이래서야 어떻게 사람들이 너에게 오겠니?"

나는 그때 깨달았다. 사람을 편하게 대하고 늘 좋은 게 좋은 거라는 생각이 결코 좋은 게 아니었다. 때로는 결기를 보이고 내가 원하는 것을 강력히 요구할 줄 알아야 하는 것이다. 그래서 나는 지금도 가끔 오해를 받는다.

결기는 기회 앞에서 필요한 것이다. 기회를 놓치지 말자. 인생은 모두가 기회다. 제일 앞서가는 사람은 과감히 결단을 내려 실행하는 사람이다. '안전제일'만 지키고 있다면 결코 신세계로 나아갈 수 없다.

절실함의 승리

토요일 오전. 세 살짜리 여자 아이를 데리고 부부가 찾아왔다.

그들은 간절한 표정으로 나에게 말했다.

"저희는 울주에서 왔어요. 소문 듣고 왔고요. 소개 받았습니다."

"아 네. 그러세요?"

울산 시내도 아니고 울주에서 날 찾아올 정도면 문제가 무엇일까? 누가 아프다는 걸까? 대단히 절실하고 간절한 문제인 것 같았다. 이내 그 간절함의 원인이 밝혀졌다. 원인은 바로 아기였다.

데려온 아기의 눈과 코가 짓물러 있고 콧물이 가득 차 있었다. 재채기도 심하게 하는 중이었다. 심한 비염에 아기가 시달렸다. 비염이 심하면 머리도 맑아지지 않고 산소 공급이 원활하지 않아 늘 피곤하다. 어린아이 때부터 이렇게 피곤해지면 성장에 지장이 있고 체질이 약해진다. 호흡이 건강에서 그만큼 중요하기 때문이다.

"우리 아기가 태어날 때부터 비염으로 시달립니다. 어느 병원엘 가도 낫지 않는데, 아는 사람이 원장님을 소개했어요."

나는 아기의 증상을 진지하게 진찰했다. 부모의 절실함이 느껴져서 더욱 더 세심하게 무엇이 문제인가를 살펴보았다. 아기의 증상을 살피고 한약을 처방한 뒤 간단하게 침을 놓아 주었다.

"일단 집에 가시고요. 월요일 날 침 맞으러 또 오세요. 한약은 달여 놓겠습니다."

"네. 꼭 우리 아기 낫게 해 주세요."

월요일 한약을 받아가서 먹인 뒤 화요일 그 엄마가 다시 원장실로 들어왔다. 얼굴은 아주 밝아져 있었다.

"원장님. 어제 딱 하루 한약 먹였는데 애가 콧물이 반도 안 나올 정도로 줄었어요. 정말 놀랐어요. 대단하세요."

아기가 차도를 보이자 신기해하며 기뻐하는 것이 내가 봐도 즐거웠다. 아이가 아프면 부모는 그 모든 원인이 자신 때문이라고 생각한다. 아이가 아프면 그만큼 고통스럽고 괴롭다. 자녀의 병을 고치고 싶다는 부모의 마음이 얼마나 간절한지 나는 잘 알고 있다. 우리 부모님의 경우를 보아서도 미루어 짐작할 수 있는 일이다. 부모의 절실함이 아이의 병을 고치게 된 경우라 하겠다.

가끔 무슨 일을 하다 보면 손대는 일마다 안 되는 사람을 보게 된다. 왜 안 되냐고 물으면 열심히 했는데 운대가 안 맞았다, 갑자기 경기가 안 좋아졌다, 외국에서 전염병이 들어왔다, 등등의 외부 요인 탓을 많이 한다. 물론 사업을 성공하고 뭔가 뜻을 이루려면 외부 여건도 도움을 주어야 한다. 그렇게 자신도 노력하고 외부에서 도와줘도 성공하기 힘든 건 사실이다.

그러나 나는 여기에 하나가 빠졌다고 생각한다. 그것은 바로 절실함이다. 장애인으로 사는 나는 모든 게 절실하다. 간단한 예로 하루에도 몇 번씩 보는 소변도 어렵다. 비장애인에게 큰 문제 없지만 나에게는 절실한 문제다. 다리가 부러져 휠체어에서 앉아 보니 소변보는 일도 큰일이었다. 젊을 땐 목발을 짚고 서서 소변을 보았었는데 이제는 그럴 수 없기 때문이다. 누군가 도와주고 잡아 주어야만 한다. 그러려면 부탁을 해야 하고 신세를 진다. 소변이라도 편안하게 보려면 쉽지가 않다. 생활 자체가 어렵다 보니 모든 일상적인 일도 절실하게 소중한 것이 된다. 한번 해보려면 절실하게 원해야만 한다.

가끔 내원하는 살찐 분들이 살을 빼겠다고 오는데 각종 다이어트 방법을 써도 실패했다고 한다. 나의 처방은 절실함이다. 정말 살을 빼야 할 일이 있고 살을 빼야 한다면 살이 왜 안 빠질까 싶다. 절실하면 노력하게 되어 있고, 노력하면 빠지게 되어 있다.

술을 못 끊는다는 사람들도 보면 술을 끊어야 할 이유를 절박

하게 못 느꼈기 때문이다. 그게 아니라면 술을 즐기면 된다. 혈액순환에 도움이 되는 술. 적당하게만 먹으면 되지 않는가? 소주라면 소주잔, 맥주라면 맥주잔, 그 잔 하나가 그 술의 정량이다. 그 정량 한 잔을 넘기다보니 술이 사람을 먹는 상황이 벌어진다. 처음엔 술을 먹으면 혈액순환이 잘되어 덥다가 나중에 싸늘하게 느껴진다. '화(火)'기가 '수(水)'기로 바뀌기 때문이다. 그러니 약술을 먹는다면 딱 한 잔만 마시면 좋다. 대화하는 분위기가 좋아지기 때문이다. 이걸 넘어서면서 자꾸 술을 끊겠다고 하니 그 절실함은 온데간데없다.

목표를 이루겠다는 각오가 얼마나 단단하고 절실한지 보기 위해 우주는 우리를 시험한다. 조금만, 아주 조금만 더 참고 견디면 된다!

– 앤드류 매튜스

구질구질하게 사는 게 싫다면 노력해야 한다. 이 사람도 성공하고 저 사람도 성공했는데 너는 왜 못 하는가? 절실함이 없기 때문이다. 성공한 사람들의 결과만 볼 뿐이지. 그들이 절실하게 노력한 것이 보이지 않기 때문이다.

절실함을 먼저 가진 뒤에 무엇이든 도전해야 한다.

비염으로 고생하던 아기는 완치되어 더 이상 병원에 오지 않는다. 부모가 가진 절실함의 승리이다.

초심을 일깨운 한 마디

진료실에 있으면 환자들이 와서 접수를 한 뒤 침구실에 누워 있게 된다.

그러면 내가 순서대로 가서 침구실 커튼을 열고 환자의 증세를 살피며 진료를 한다. 아무래도 한의원 진료는 오랜 시간 누워서 뜸을 뜨거나 침을 맞으며 시간을 지내기 때문에 그렇게 개인적인 공간을 만들어 두고 있다.

한번은 침구실에서 다른 환자들을 치료하고 나서 다음 차례인 어르신에게 갔다. 닫혀 있던 커튼을 열자마자 할머니는 나를 보면서 인사를 했다.

"고맙습니다."

"어머니, 저 지금 왔는데 뭐가 고맙습니까?"

"병을 낫게 해 주셔서 감사해요."

그 말에는 진심이 담겨 있었다. 순간 나는 가슴이 뭉클해졌다. 그 할머니는 오래도록 이명과 구내염으로 고생하며 턱 관절에도 통증이 있었고, 손에 경련이 일어나고 있으며 편두통까지 있어서 상당히 예민하고 까다로운 환자였다. 여러 병원을 다녀도 차도를 보지 못하다 나에게 와서 그동안 꾸준히 치료하니까 이제는 내가 들어서자마자 감사 인사를 하는 것이 아닌가. 그 순간 나는 한의대 학생이었을 때 가졌던 초심이 떠올랐다.

한의대 다닐 때 우리는 방학 때나 공휴일이 겹치면 의료봉사를 하러 다녔다. 대개 의료혜택을 잘 받지 못하는 무의촌을 찾아가는 것이다. 한의과대학 예과와 본과 전부가 다 움직이는 거라 사전 답사가 필요했다. 다행히 나는 차를 가지고 있어서 이럴 때는 내가 항상 자발적으로 앞장서서 먼저 답사를 하러 간다. 노인들이 많이 사는 외딴 마을을 찾아가는 것이다.

주왕산 인근의 마을로 갈 때도 내 차로 가서 어디에서 어떻게 의료봉사를 할 건가 미리 섭외를 해 놓았다. 대개 마을회관에서 묵을 거라 생각하지만 의료봉사를 가보면 인근에 있는 할머니 할아버지들이 모두 나선다. 하루에 2~300명씩 쏟아져 들어오기 때문에 학교를 빌리게 된다.

의료봉사가 있는 날이면 우리 학생들은 모두 버스를 타고 그 예정된 학교로 가서 짐을 푼다. 학년별로 하는 일들이 따로 있다. 예과 1,2 학년 후배들은 환자들을 맞이하며 줄을 세우거나 서류를 꾸미고 문진을 한다. 본과생이 되어야 침을 놓거나 뜸을 뜰 수 있다.

쏟아져 들어오는 할머니 할아버지 환자들을 맞이하다 보면 하루가 어떻게 가는지 알 수가 없다. 초기에 치료했으면 금방 나을 작은 병을 키우는 분도 계시고, 돈이 없어 병원에 못 간다는 분들도 있다. 그런 분들을 진맥하고 증세를 물어보고 터치를 해주게 되면 고맙다는 인사를 끝없이 듣는다. 그때는 한의대생이라면 누구나 뿌듯한 마음이 든다. 내가 이렇게 누군가에게 시간과 노력을 바쳐 도움이 된다는 사실.

물론 의료봉사는 돈을 받지 않고 하는 것이다. 그렇다고 우리가 가지고 있는 것을 다 무상으로 주고 오는 건 아니다. 의사로서 지녀야 할 기본적인 덕목을 실현하고 자신의 존재감을 높일 수 있는 기회이기 때문이다. 의료봉사야말로 한의사들의 초심이다. 돈이나 대가가 아니라 아픈 사람을 고쳐 주고 싶은 너그러운 마음, 자유정신, 박애의 정신. 그리고 자기헌신 이런 것이 한의사의 기본인 것이다.

그렇다고 우리 봉사가 힘들기만 한 것은 아니다. 봉사가 끝나면 우리들끼리 대화도 나누고 함께 피로도 풀며 조촐한 술자리도 갖는다. 그야말로 일석이조의 행사인 셈이다. 봉사도 하면서 한의사로서의 소명도 발견하고 친목도 다지게 되니 말이다. 의료봉사를 자주 다녀야만 많은 환자를 볼 수 있게 되고, 경험이 쌓여서 명의의 길로 가는 것이다.

"학생들 저녁 먹을 때 먹어."

집에 갔던 할머니들이 계란이나 고추 등을 가지고 오는 건 덤이다. 따뜻한 정이 넘친다.

종종 요즘 젊은이들을 보면 자신이 무슨 일을 해야 할지 모르겠다고 고민을 토로한다. 때로는 열심히 일하다 보니 자신을 잃어버렸다는 중년의 직장인들도 있다.

그럴 때는 초심을 떠올려야 한다. 나는 애초에 이 일을 왜 시작했는가? 무엇을 위해 시작했는가를 돌이켜 봐야 한다. 혼자만 잘 먹고 잘 사는 것이 아니라 더불어 함께 사는 세상을 만들겠다는 초심을 누구나 갖고 시작했을 것이다. 초심을 잃었다는 건 그만치 열심히 살았다는 뜻이기도 하다. 다시금 초심을 찾을 수만 있다면 새로운 용기와 희망을 가지고 나아갈 수 있다.

일본의 저명한 심리학자 쿠니시 요시히코는 초심의 중요함을 아래와 같이 말했다.

"길을 잃었다면 원점으로 돌아가라.
미로에서 헤매느라 실마리를 찾지 못할 때는 초심으로 돌아가는 것이 뜻밖의 새로운 발견을 가져다 줄 수 있다."

진료실에서 나를 보자마자 고맙다고, 꼭 나을 거라고 믿으며 환하게 웃어주던 그 할머니. 그 얼굴을 본 순간 나를 돌아보는 소중한 시간을 갖게 되었다. '고맙습니다'라는 말 한마디가 나의 초심을 일깨워 주는 것이다.

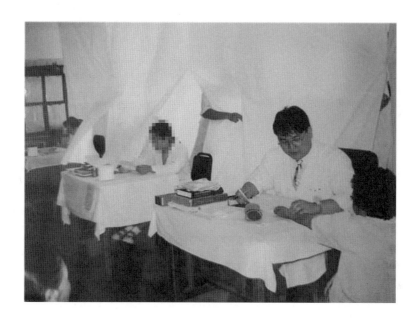

의도를 살펴보자

간혹 보면 가난한 환자들이 나를 찾아 올 때가 있다. 그들은 벌써 들어올 때부터 주눅이 들어 있다.

'돈이 없는데 혹시나 비싸게 약값이 들면 어떻게 할까.'

'비싼 진료나 시술을 받으라고 하면 어떻게 하나.'

이런 근심을 가지고 있다. 한의원에서 진료를 오래 하다보면 거의 도사가 된다. 환자들의 심리와 행동이 한눈에 들어오기 때문이다.

그런 가난하고 어려운 사람들이 병마에 시달리는 것이 보기 안타까워 나는 수시로 의료봉사를 다니기도 했다. 가난하고 형편이 좋지 않은 환자들일수록 나는 더욱 정성껏 치료해 주고 간혹 형편이 어려운 사람에게는 치료비도 받지 않는다. 그러면 환자들이 그냥 오기 섭섭하다며 아이스크림이나 빵, 또는 한 병의 음료수를 사 오는 경우도 있다. 돈을 내지 않고 그런 선물로 대신하는 마음이 갸륵해서 나는 기꺼이 받는다.

하지만 어떤 사람들은 일부러 그러는 게 아니냐고 의심의 눈초리를 보내기도 한다.

"이 원장이 너무 사람이 착해서 악용하는 걸지도 몰라."

그러나 나는 그렇게 생각하지 않는다. 선한 의도는 절대 가릴 수 없기 때문이다. 예를 들면 이런 거다.

한의원 스승 밑에서 약탕관을 청소하던 제자 두 사람이 있었다. 스승님이 출타하니까 한 제자는 높은 곳에 올려둔 꿀을 몰래 먹으려고 창고를 뒤지다가 약탕기 하나를 떨어뜨려 깨뜨리고 말았다. 또 다른 제자는 창고에 쌓인 먼지 덮인 약탕기를 깨끗이 닦겠다고 들고 우물가로 가다가 그만 넘어져서 열 개를 한꺼번에 깨뜨리고 말았다. 출타했다 돌아온 스승은 과연 누구를 탓할 것인가.

결과를 놓고 본다면 약탕기 열 개 깬 죄는 하나를 깬 죄보다 크고 심각하다. 그러나 그 스승은 꿀 훔쳐 먹으려고 약탕기 하나를 깬 제자의 종아리를 쳤다. 매를 맞고 억울한 제자가 말했다.

"스승님, 왜 저를 때리십니까? 저는 약탕기를 한 개 밖에 안 깼는데요."

그러자 스승이 준엄하게 야단을 쳤다.

"네 녀석은 의도가 불순하지 않았느냐? 먹지 말라는 꿀을 몰래 먹으려다 약탕기 하나 깨뜨렸고, 저 학동은 먼지 쌓인 약탕기를 스스로 닦으려다 열 개를 실수로 깨뜨렸다. 너의 의도가 불순하기 때문에 매를 맞는 것이다."

주위 사람들의 의도가 어떤지를 먼저 헤아리며 세상을 바라보는 건 이렇게 중요하다.

한번은 친하게 지내는 기일 형님에게서 연락이 왔다. 통도사에 홍매화가 예쁘다니 구경하러 가자고 했다. 어딘가로 구경을 가게 되면 나는 가장 큰 걱정거리가 걷는 거였다. 목발을 짚고 걸으려면 나의 큰 몸과 무력한 다리로는 장거리가 힘이 들 수밖에 없었기 때문이다.

"형, 거기 너무 많이 걷는 곳은 아니에요?"

"아니야. 거의 안 걸어."

"많이 걸어야 되면 휠체어 가져가야 해서 그래요."

"안 걷는다니까. 그냥 차에 몸만 타면 돼."

그래서 나는 기쁜 마음으로 아내와 아이들과 함께 형의 차에 몸을 실었다. 홍매화가 예쁘다니 구경 가는 것은 나쁠 리 없기 때문이다.

통도사 주차장에 차를 대고 주변을 둘러보았는데 주변에는 아직도 겨울에서 벗어나지 못한 앙상한 나뭇가지들만 가득했다.

도무지 눈을 씻고 봐도 홍매화 따위가 피어 있을 것 같지는 않았다. 어딘가 피어 있다면 끝없이 걸어가야 할 것만 같은 불길한 예감이 들었다. 한참 걷다 힘이 들어 형을 쏘아봤더니 자신도 미안했는지 주차장 요원에게 물었다.

"홍매화 보러 왔는데 어디 있어요?"

"조금만 더 가면 있습니다."

조금만이라는 말은 정말 무서운 말이다. 결국 나는 목발을 짚고 땀을 흘리며 길을 계속 걸었다. 목발을 짚고 걷는다는 것은 힘겨운 전신운동이다. 상반신만으로 온몸을 움직여야 하니 땀이 비오듯 흐르는 것이 아닌가. 그렇게 힘겹게 걸어 가 보니 세상에. 홍매화 나무는 달랑 한 그루가 있었다. 꽃이 피었지만 고작 한 그루의 꽃나무를 구경하러 이곳까지 오다니.

"형, 이걸 보자고 날 오라고 한 거야?"

"글쎄? 어떻게 된 일인지 모르겠네. 이거 한 곳, 한 그루 밖에 없다니."

"형 덕분에 홍매화 구경은 잘 했네."

미안했는지 형은 나를 데리고 밀양까지 가자고 하여 능이버섯 오리탕을 먹게 해주었다. 배 터지게 먹고 나서 오는 길에 '복순도가'라고 하는 양조장에 들러 탄산막걸리까지 한 잔 하자는 것이 아닌가. 덕분에 우리 가족들은 배불리 먹었다. 홍매화를 핑계 대고 먹거리 소풍만 갔고 나는 덕분에 운동만 제대로 한 꼴이 되고 말았다.

이 경우를 놓고 봐도 형이 나를 속이려고 한 것도 아니고 골탕 먹이려 한 것도 아니다. 나와 즐거움을 나누려고 했던 것이다. 다만 결과가 생각대로 안 나왔을 뿐이다.

흔히 우리는 결과만 놓고 사람들을 평가하거나 그 행동을 비판한다. 그럴 때는 의도를 봐야 한다. 의도가 어땠는지를 알았을 때 비로소 올바른 평가가 되기 때문이다.

오늘도 나의 한의원에는 자신의 병을 고치겠다고 오는 사람들이 있다. 때로는 잘못된 처치로 병을 더 심하게 만든 사람도 있지만 그들의 의도는 하나같이 건강하게 아프지 않게 오래 살고 싶다는 그것이다. 그런 의도는 그 누구도 침해할 수 없는 것이기에 나는 성심껏 환자들을 돌본다.

나에게 좋은 걸 보여주고 싶어 했던 형님의 홍매화 제안은 오래도록 추억으로 남아 있다.

부딪쳐야 인생이다

한의과대학 입학 후 신입생 환영회 때인 듯하다.

한참 저녁 식사를 하고 음주로 재미나게 시간을 보낸 뒤 마지막 코스가 예전 경주버스터미널 근처의 H나이트라고 했다.

"우리 나이트 가자!"

한 녀석이 제안하고 다들 그렇게 가는 걸로 분위기가 쏠려갔다. 하지만 난 한 번도 안 가봤고 목발 짚는 내가 가서도 안 될 곳이라고만 여기던 곳이었다. 슬그머니 빠져 기숙사로 도망치려는데 룸메이트가 붙잡는다.

"아, 어디 가?"

"아니, 난 나이트 못 가니 기숙사 들어가 있을게."

"미친 녀석! 누가 너보고 나이트 못 간다고 하디? 같이 가."

기숙사 팀 동기들 모두 내게로 와서 내가 안 가면 자신들도 안 가겠다고 부득부득 나를 끌고 갔다. 마지못해 따라가 입구를 지나 기나긴 계단을 내려오니 별천지가 펼쳐진다. 휘황찬란한 불빛에 고막이 터질 듯한 음악이 울려 퍼지며 젊은 남녀 모두 그 안에서 무아지경으로 춤을 추고 있었다. 우리들의 자리가 만들어졌다. 난 의자에 앉아 이 황홀한 광경을 넋을 잃고 쳐다봤다. 기본 안주가 들어오고 맥주 3병이 딸려 나왔다. 하지만 동기들은 술엔 관심이 없었다. 모두 춤추러 스테이지로 나갔다.

"승헌아, 나가자."

친구들도 나를 데리고 나가려 했지만 난 거기까지는 용기가 나질 않았다.

"너희들만 나갔다 와."

다들 나간 빈 자리에 앉아 있는데 하필 우리가 잡은 자리가 웬만한 장롱보다도 큰 스피커 앞자리였다. 음악이 울릴 때 베이스가 쿵쿵거리니 내 심장까지 요동을 치게 만들었다. 난 억울하기도 하고 신기하기도 한 묘한 감정에 휩싸여 우리 테이블의 술을 다 마시고 차근차근 옆 테이블의 술까지 먹어 치우기 시작했다. 춤판이 거의 마무리 될 무렵 난 대취하고 말았다. 그때 처음 경험한 나이트클럽에서의 복잡 미묘한 감정이 오래도록 가슴 속에 깊이 남아 있었다.

그 후 시간이 많이 흘러 한의원 크리스마스 송년회 회식 때 5명의 간호사들이 꼭 원장인 나와 나이트클럽을 가고 싶다니 또 어쩌겠는가. 모 호텔 지하에 있는 나이트클럽으로 갔다. 룸이 아닌 스테이지 바로 옆으로 자리를 잡아 놓았다. 아마 자기들끼리 뭔가를 미리 짜놓은 듯 한 느낌이었다. 아니나 다를까 양주랑 안주를 시키고 스테이지로 나가 놀다 오라고 하니 모두들 난리를 친다.

"원장님. 나오세용."

"싫어. 난 안 돼. 난 춤도 못 추고 위험해."

"저희가 있잖아요. 호호호!"

나를 기어코 끌고 나가서는 큰 기둥 하나를 등지고 서게 하더니 나머지 5명이 나를 둘러싸고 다른 사람들이 날 춤추다 건드리지 못하게 포진한 뒤 신나게 춤을 춘다.

"아하! 이런 방법이 있었군."

난 용기 내어 지팡이를 짚고 무거운 몸을 흔들거려 보았다. 대학 때 느꼈던 묘한 감정은 순식간에 사라지고 말았다. 그게 평생 처음이자 마지막 춤이었다.

사회 활동을 하면서 나이트클럽 가자는 사람들이 많아 몇 번은 같이 갔지만 그때는 룸을 잡아 난 노래나 부르고 술만 마셨다. 물론 부킹도 안 되는 게 당연했다. 그러자 담당 웨이터가 한참 뒤 들어와서 하는 말이 이랬다.

"원장님. 기껏 부킹해놓으면 문 앞까지 왔다가 원장님 보고
는 돌아가는 분들이 많아요."

"왜?"

듣고 보니 내가 마당발이라서 한 두 다리 건너 아는 사람이었
던 거다. 진료 받은 환자이거나 지인이거나 해서 같이 놀지도 못
했다. 난 부킹도 못할 처지였다. 그 덕에 나이트클럽 문에 방 안
을 들여다 볼 수 있는 구멍이 있다는 사실도 알게 되었다.

이제는 나이트클럽 가려 해도 못 간다. 대개 지하에 있는 그
곳은 계단이 너무 많다. 휠체어에 의지하는지라 목발 짚던 한 때
의 추억인 것이다.

살면서 이처럼 장애라는 나의 불리한 여건 때문에 뭘 못 한다
거나 안 하려 한 적은 없는 것 같다. 오히려 뭐든 해봐야 직성이
풀리는 성격이 되었다. 이 모든 경험과 느낌으로 환자의 감정에
최대한 접근하려 한다. 거기서 신묘한 처방이 나오기도 하니 말
이다.

살기 위해 하는 것

목발 짚고 다니던 내가 다쳐서 휠체어에 의존해야 할 것이라고는 상상도 못했다.

어릴 때 숱한 수술과 재활로 모든 나의 아픔은 끝난 것이라고 믿고 있었기 때문이다.

하지만, 나이가 들어감에 몸의 근력과 반응이 현저히 줄어드는 것을 뼈저리게 느끼고 후회를 하고 있다. 10여 년 전으로 기억하는데 그때는 지팡이를 짚고도 초고속으로 날아다니다시피 하고 술을 많이 마셔도 비틀거리거나 넘어질 걱정 없이 돌아다닐 때, 아내가 그냥 지나가는 말로 툭 던지는 게 아닌가.

"옆집 진우 아빠는 애 데리고 자전거 타러 나갔대."

이 한마디가 나에게는 가슴에 확 날아와 비수처럼 꽂혔다. 다른 아빠가 한다면 나도 한다. 아니 해야 한다. 어릴 때의 힘만 있었으면 두발 자전거를 평지에서 같이 타고 시간을 함께 할 수 있었을 텐데 아쉬웠다.

그러나 난 그런 일들이 생기면 꼭 뭔가 대체할 것들을 찾아내서 해결을 하는 성격 아닌가. 수소문 끝에 장애인 자전거가 있다는 사실을 알아냈다. 바로 연락하여 한 대를 구입했다. 그런데 장애인의 모든 장비와 보조장구 및 용품들이 그렇듯 자전거도 고가였다. 물론 시장이 작으니 그러리라 이해는 간다. 그래도 이런 문제는 우리 사회가 나서서 해결해야 할 과제임이 틀림없다고 본다. 장애인에게도 생활체육 욕구는 있기 때문이다. 이 점을 염두에 두고 관계자들이 해법을 제시해 주었으면 한다. 영국 속담에도 이런 말이 있다.

우유를 마시는 사람보다 우유를 배달하는 사람이 더 건강하다.

어떻게든 움직여 보려고 장만한 장애인용 자전거가 나에게 배달되어 왔다. 바퀴가 세 개이고, 페달은 양손으로 한꺼번에 저어야 힘을 받는 방식의 낮은 세발자전거와 비슷한 구조라고 이해하면 된다. 이 자전거 구매의 목적은 우리 아이들과 함께 자전거 라이딩을 하기 위함이었다.

하지만 그때만 해도 그 자전거를 탈 곳이 그리 많지가 않았다. 게다가 이걸 타고 나가면 하도 특이해서 지켜보는 시선들도 참 따가웠다고 느껴서 몇 번 안 타고 창고에 처박혀 먼지만 쌓이고 있었다.

처음 넘어져 무릎골절로 수술을 한 후 이 자전거의 진가가 나오기 시작했다. 2017년 이후부터 매일 아침 비가 많이 오는 날을 제외하고선 자전거로 울산대 공원의 정문으로 들어가 동문으로 갔다가 남문을 지나 윗갈티못 상부에 위치한 메밀꽃밭까지 갔다가 돌아오는 13~15km 정도의 거리를 돌고 왔다. 영하 8~9도일 때도 운동을 나갔는데 이럴 때면 동네를 지나던 지인들이 한 마디씩 한다.

"형님. 쫌 이런 날씨에는 하지 마소. 큰일 납니더."

자기들은 따뜻한 차를 타고 출근하는 길에 나에게 걱정 어린 말투를 던진다. 난 아랑곳하지 않고 손만 잠시 흔들어 보인 후 계속했다. 2년 정도 지난 후의 어느 겨울 지인의 죽음을 보고 추운 날씨는 피하기 시작했다. 그는 겨울 아침 운동 나갔다가 쓰러져서 유명을 달리한 거였다.

나의 열정에 친한 지인들은 발에 끼는 발 토시도 보내주고 발열 조끼, 양말 장갑 등도 용기에 감동한 듯 지원해주기도 했다. 겨울이면 나의 하체가 얼음장처럼 냉골이 되는 것을 아는 탓이다. 하체의 기능이 저하된 상태로 오래 지속될 경우 하부쪽 혈관의 순환 장애와 근육위축이 있어서 점점 온도의 변화가 심해진다. 반면 상체 쪽을 많이 사용하니 상열하한증세는 확연히 증가되고 겨울이면 동상이 올 정도로 차가워지는 게 지체장애와 중증 장애환자들의 특징이다. 이 때문에 겨울을 나기 힘들다.

　　너무 추운 날 자전거를 타면 발은 집 나선 지 5분도 지나지 않아 통증까지 느낄 정도로 얼어간다. 그래도 굴하지 않고 계속 페달을 돌린다.

　　이렇게 꾸준히 상체의 유산소 운동이라도 하며 건강유지에 안간힘을 쏟았던 나다. 그런 내가 또 넘어져 대퇴골절로 뼈에 30cm정도의 철판을 대고 고정 수술을 받게 되었다. 그 후에는 작은 충격이라도 가해지면 통증이 생겨 자전거를 못 타게 되었다.

그런다고 좌절할 이승헌이 아니다. 이번에는 수술 후 깁스 풀고 근처에 헬스장을 알아보게 되었다. 몇 년 전에 아는 형님이 PT 좀 해보라고 해서 3개월 정도 개인 운동을 한 적이 있었다. 하지만 그곳에는 계단이 있고 거리가 멀어서 휠체어로 접근이 어려웠다. 동네를 알아보니 한군데가 흔쾌히 와서 운동해도 된다고 해서 당장 그날부터 아내의 도움을 받아 다니기 시작했다. 상체 운동이라도 할 수 있는 기구마다 돌아가면서 근력운동을 하기 시작했다. 이거라도 해야 내가 견디고 살아갈 수 있을 걸 알기 때문이다.

역시 운동은 운동이다. 헬스클럽 다니는 걸로 전향한 지 7개월 째 되는데 얼마 전부터 다리 운동 안 되던 게 되기 시작했다. 다리를 오므리는 운동기계로 제일 약한 것도 안 움직여지는 다리를 가지고 있었다. 하지만 온몸을 비틀어 그 힘으로 조금씩 움직이게 했다. 그 기계 하나로 옆으로 돌아서 밖으로 다리를 벌리는 운동까지 변형하여 두 가지 근육을 사용해보려 애쓰고 있다. 조금씩이라도 힘이 생긴다면 다음은 다리로 자전거 페달 밟는 시도를 해볼 작정이다.

사람들은 이런 날 보고 오뚝이라고 한다. 그래. 난 어떤 시련과 역경, 그리고 통증을 딛고 다시 서는 오뚝이다. 그 오뚝이가 다시 서는 건 너무나 힘들게 아픔과 고통을 견뎌야만 가능하다는 것이다. 하지만 다시 서는 그날까지 포기하지 않으려 운동한다

운동은 살을 빼려고만 하는 것이 아니다. 운동은 건강하게 살

기 위한 최소한의 기본 노력의 한 방편일 뿐이다. 이 말은 꼭 기억해두길 바란다. 무조건 근력운동과 유산소 운동을 병행하여 꾸준히 죽을 때까지 하시길. 근육의 발달이 없을 경우 나이가 들면 위축이 빨라져서 아무런 질병이 없더라도 보행 장애로 힘든 상황이 올 수가 있다. 만약 질병에 이환이 된다면 회복할 수 있는 여력이 현저히 떨어지게 된다. 그러면 거의 누워서 병마와 싸우다가 욕창 등에 시달리며 괴롭게 삶을 마칠 일은 없을 것이다.

역지사지

대학교 다닐 때의 일이었다.

예과와 본과 2학년까지는 경주 캠퍼스에서 다녔지만 본과 3학년부터는 서울 장충동의 동국대학교 본교에서 공부를 했다. 강호의 유명한 교수님들을 모셔다 우리 학생들이 강의실을 하나 구해 강의를 듣는 거다. 이때 좋은 교수님들의 강의를 많이 들을 수 있었다.

설 무렵이 되자 귀성 차량들이 막힌다고 부모님이 역귀성을 하시기로 했다. 서울에 있는 나에게 올라오시기로 한 거다. 부모님을 픽업하기 위해 공항으로 누나와 함께 마중을 갔다. 귀성차들이 다 빠져나가서인지 의외로 공항 가는 길은 막히지 않아 예정 시간보다 일찍 도착한 우리는 공항 스낵코너에서 커피를 마시며 시간을 보냈다.

그 때 오른쪽으로 고개를 돌리니 뇌성마비 장애를 가진 소녀가 엄마와 함께 앉아 식사를 하는 것이 보였다. 엄마는 샌드위치를 소녀의 입에 넣어 주고 있었는데 마구 음식이 흩어지고 경직된 몸에 발작이 일어나면서 입에 들어가는 것보다 흘리는 것이 더 많았다. 손과 발은 비틀어져 있고, 몸도 꼬여 있으며, 허리도 휘어 있었다. 안면 근육도 경련을 일으키는 것처럼 떨리고 있는 중증의 뇌병변 장애를 가진 소녀였다.

그걸 보고 있자니 나는 괴로웠다. 순식간에 나도 모르게 악마 같은 생각이 드는 거였다.

'아휴, 왜 저러고 살아? 차라리 죽는 게 더 낫지 않나?'

무심코 이런 생각을 하다 나는 순간 소름이 끼쳤다. 어떻게 내가 이런 생각을 할 수 있는가? 나 역시도 남들이 볼 때는 한심하게 보이는 지체장애인이 아니던가. 그 소녀의 부모는 딸이 살아서 저렇게 샌드위치를 받아먹어 주는 것만으로도 감사하고 행복할 수 있지 않은가 말이다. 그렇게 보니 소녀는 엄마의 사랑을 받아 너무나 행복해 하고 있었다. 해맑게 웃으며 엄마가 입에 넣어 주는 것을 맛있게 먹는 게 아닌가?

순간 나는 나 자신이 너무나 혐오스러웠다. 나 역시 어려서부터 주변의 시선을 많이 느꼈다. 지나가는 할머니들은 끌끌 혀를 차기도 하고, 전생에 업이 많아 장애인이 됐다는 말까지 들었다.

대놓고 말을 하지 않는 사람이라도 속으로는 멸시나 편견의 마음을 먹고 나를 바라보았을 것이다. 이렇게 살지 말고 죽는 게 낫다고 생각하는 사람도 있었을지 모른다. 사람들의 쓸데 없는 동정심과 멸시의 표정을 나는 평생 잊지 않고 있다. 그런데 이번에는 내가 소녀를 그런 눈으로 바라보았다.

부모님을 모시고 집에 돌아온 뒤에도 나는 내내 마음이 아팠다. 어느새 나는 건방지게 장애인임을 잊어버린 것이다. 내가 살아온 과거의 아픈 기억들을 묻어 버리고 잠시 비장애인으로 그 장애 소녀를 보았다. 어린 시절 나를 장애인이라고 멸시하는 친구들과 치고받고 싸웠던 일까지도 생각이 났다. 그날 밤새 괴로워하면서 나는 생각했다. 나까지도 다른 장애인을 보면 그런 생각이 든다는 걸 깨달았다. 그간 나를 동정하고 멸시했다고 생각한 사람들을 모두 용서했다. 그들이 나를 그렇게 보는 것은 인지상정이다. 당연한 것이다. 그들의 시선과 말투에 연연할 필요가 없었다. 그런 그들의 태도를 받아들이고 내가 스스로 삭히면 되는 일이었다. 아니 무시하면 되는 것이다. 역지사지(易地思之)를 해 보니 모든 것이 이해가 되었다.

물론 요즘은 나를 그런 시선으로 보는 사람은 많지 않다. 장애인식개선이 되어 있기 때문이기도 하지만 길거리에 장애인들이 많이 돌아다니기 때문이다. 이제 장애인 보는 것이 이상하지 않을 정도까지 우리의 수준이 올라 왔다.

여기서 얻을 수 있는 결론은 관점을 바꾸고 상대방의 입장이 되어 보는 것이다. 그러면 이해 못 할 일이 전혀 없다. 이 세상의 모든 갈등과 다툼은 내 시각으로만 세상과 상대방을 재단하기 때문이다. 내가 맞다고 생각하는 것, 나만이 옳다고 생각하는 것이 바로 갈등의 시작이다. 한 번쯤은 상대방의 입장을 생각해 보자.

다른 사람의 마음을 헤아리려거든 먼저 자신의 마음을 헤아려 보라.

남을 해치는 말은 도리어 스스로를 해치는 것이다.

피를 머금어 남에게 뿜으면 먼저 제 입을 더럽게 한다.

– 강태공

미국의 연쇄살인마가 수십 명의 사람을 죽이고 마지막으로 체포되었을 때 기자들이 물었다고 한다. 왜 그렇게 잔인하게 사람들을 많이 죽였느냐고. 그러자 그 살인범은 자신의 죄를 반성하기는커녕 고개를 저으며 이렇게 말했다고 한다.

"나는 그럴 수밖에 없었습니다."

공동묘지에 있는 수많은 무덤에 물어보면 다들 사연이 있다. 나의 시각으로 상대방을 재단하는 것은 위험한 일이다. 열린 마음을 갖고 역지사지를 실천해야 한다.

용꼬리보다는 뱀 머리

요즘 청년들에게 꿈을 물어보면 대개 공무원이나 대기업에 취직하는 것이라고 한다.

그런데 공무원이나 대기업은 모두 경쟁률이 살인적으로 높다. 공부를 많이 하거나 우수한 조건이 아니면 살아남기 힘든 거다. 그런데도 오로지 한곳만을 향해서 매진하다 결국 실패하는 것을 보면 안타깝다. 인생이라는 것은 참으로 많은 다양성을 가지고 있는 것인데.

나의 경우는 울산 옥동의 학성중학교를 다녔다. 공부도 열심히 했고, 우수한 학생이었기에 애로는 없었는데 등하교가 문제였다. 모든 장애인들이 학교를 다니는 이동권에 가장 큰 장애를 느끼기 때문이다. 결국 아버지가 등교할 때 자가용 승용차로 나를 태워다 주는 걸로 방침을 정했다. 등교는 아버지가 회사 출근 하면서 태워다 주시고 하교는 친구들과 함께 나 스스로 하기로 결정되었다. 하지만 아버지가 자동차를 끌고 운동장을 가로질러 현관 입구까지 들어올 수는 없었다. 교문 앞에서부터 교실까지는 누군가가 도와주어야만 했다. 해결책은 집 근처에 사는 친구 하나를 찾아내는 것이었다. 그렇게 해서 함께 아버지의 차를 타고 가면 교문에서부터 교실까지는 가방을 들어주는 친구를 하나 정하게 되었다. 그렇게 친구 하나를 정하니 그 친구도 편안하게 등교할 수 있어 좋았을 것이다.

문제는 하교할 때였다. 그 친구와 몇 개월 잘 다녔지만 한번은 무엇이 삐쳤는지 하굣길에 언덕을 내려오면서 친구가 갑자기 성질을 냈다.

"야! 너 말 안 들으면 가방 놔두고 혼자 간다."

지금 생각하면 어린 중학생들끼리 그럴 수도 있는 일이었지만 그렇다고 장애가 있는 친구의 가방을 놔 버리고 혼자 간다는 말을 하는 것은 상상이 잘 안 되는 것이다. 그렇다고 굴할 내가 아니었다. 어이없어 하면서 말했다.

"그래, 가라."

"진짜 간다."

"그래. 가고 싶으면 가. 이 자식아!"

간다고 하면서 나를 협박하던 그 친구도 화가 났는지 가방을

내려놓고 진짜로 가 버렸다. 성질 부려서 속은 후련했지만 나는
이내 난감하지 않을 수 없었다.

'이제 어쩐다?'

큰소리를 쳤으니 다시 돌아오라고 할 수도 없고. 결국 나는
가방을 들고 멀고 먼 버스 정류장까지 걸어가기로 작정을 했다.
날씨는 무척 더웠다. 게다가 교복을 입은 채 목발을 짚고 가방까
지 들고 걸으려니 걸음걸음이 고통이었다. 왜 그리 버스정류장이
먼지 알 수가 없었다. 결국 온몸에 땀이 비 오듯 흐른 채 종점에
도착했다. 비어 있는 버스에 올라가는데 자리에 앉고 나니 너무
너무 속이 상했다.

'왜 나는 가방 하나를 제대로 들고 다니지 못할까? 왜 걸어서
집에서 학교를 못 다니는 걸까?'

이윽고 시간이 되자 버스는 출발했다. 억울한 마음과 상관없
이 우리 집인 강변에 버스는 도착했다. 가방을 들고 버스에서 내
리려니 계단이 너무나 높았다. 후들거리는 손과 팔로 목발을 놀
려서 버스 계단에서 가까스로 내려와 집까지 걸어가는데 가방을
번갈아 좌우로 옮겨 들고 걸으며 또다시 고역을 치러야 했다. 고
행 끝에 마침내 대문을 열고 마당으로 들어서자마자 나는 가방을
마루에 집어던진 채 땀범벅이 된 옷을 벗어 던지고 그냥 울어 버
렸다. 세상에 대한 분노와 억울함 때문에 눈물이 터져 나오는 거
였다. 그때 나는 중학교 친구들에 대해서 결심했다.

'중학교 친구는 없는 거다. 녀석들은 나를 이용만 할 뿐이다.'

이렇게 비뚤어진 생각을 하다 졸업하니 고등학교를 진학해야만 했다. 울산시내인 학성고등학교를 가야 하는데 우리 어머니는 나의 성정을 잘 알고 있었다. 열심히 노력하면 학성고등학교에 갈 성적은 되었다. 그러나 연합고사 성적이 182점은 되어야 했고 체력장도 불리했다. 그렇게 해서 진학하면 울산 고등학교에서 나는 하위권을 맴돌 것이 뻔했다. 어머니는 나를 회유하셨다

"승헌아! 차라리 조금 쉬운 학교에 가서 마음껏 기를 펼치는 게 어때?"

나는 신흥학교인 중앙고등학교를 가게 되었다. 고등학교에 가서 꼬리가 아닌 머리가 되기로 한 거였다. 그래도 나는 학성고에 도전한다고 원서까지 썼지만 어머니가 몰래 원서를 바꿔치기했다. 지금 생각해보니 학성고에 갔더라면 오늘날의 내가 없었을지도 모른다.

고등학교에 진학하고 친구가 없다는 생각을 하고 있던 나에게 진정으로 다가오는 친구들이 생겼다. 녀석들은 불편한 나의 신발을 갈아 신겨 주기도 하고 계단을 오를 때는 앞뒤로 서서 나를 보호해 주었다. 성질을 부리고 화를 내도 묵묵히 참아 준다. 오래지 않아 나는 깡패 두목처럼 아이들을 몰고 다니는 리더가 되어 있었다. 선생님도 그런 나를 보고 조직의 보스냐고 물을 정도였다. 지금도 그 친구들은 나를 만나 회식을 하러 식당에 가거나 할 때면 앞뒤로 보호해 준다.

"야, 너희들 왜 이러냐?"

내 질문에 친구들은 앞에 있는 아이들은 갈 길을 터주고, 내려오다 누군가가 나를 밀칠까봐 미리 뒤에서 막는 거란다. 뒤에 있는 아이들은 내가 뒤로 자빠지면 받아 주려고 기다리고 있다는 것이 아닌가. 만일 내가 계속 최고의 학교와 최고의 목표만을 노리고 주제넘게 학성고등학교를 갔더라면 어땠을까?

큰 꿈을 가지는 것도 좋다. 도전하는 것도 좋다 그러나 너무 큰 꿈만을 노리며 인생을 살 수는 없다. 때로는 적당히 자신의 능력을 발휘할 수 있는 곳에서 좋은 친구들을 만나 대화하고 소통하며 사는 것이 진정한 행복이 아닐까 싶다. 큰 곳, 번듯한 곳도 실상을 들여다보면 그렇지 않은 경우도 많지 않은가. 나의 능력에 맞는 곳에서 주변을 돌보며 마음을 열고 소통하며 사는 것 그것이 진정한 행복이다. 용꼬리가 되어 끌려가는 것보다 뱀의 머리가 되어 이끌고 가는 삶이 될 수 있다.

리더라면 결단을

<u>아버지는 나에게 물었다.</u>

"막내야 네가 결정해라. 나는 모르겠다."

입원한 어머니는 이미 의식을 잃었다. 어머니의 생명을 연장하려면 내가 결단을 내려야 되는 상황이다. 바로 중환자실로 모셔야 하기 때문이다.

절체절명의 순간 나는 어머니를 생각했다. 어머니는 신장이 안 좋아지셔서 오랜 기간 투석을 하고 있었다. 처음엔 복막투석을 하다 그것이 안 되니 혈관 투석을 하셨고, 그 역시도 증세가 나빠지자 이제 의식을 잃고 병원에 입원하신 것이다. 중환자실을 몇 번 올라가고 내려가며 자식들이 임종을 준비한 적도 몇 번 있

66

었다. 긴 병에 효자 없다고 어머니의 투병이 길어지자 가장 먼저 지치는 건 아버지였다. 아내의 죽음을 차마 볼 수 없어 아버지는 최선을 다해 간병을 하셨다.

하지만 엄마의 생명연장장치를 끊기는 어려운 일이었다. 중환자실은 이미 꽉 차고 어머니가 내려갈 수 있는 공간은 없다고 했다. 결정은 가족들이 하면 되는 거였다. 나는 의사에게 물었다.

"병실이 없는데 가능합니까?"

"중환자실 기기를 일단 이곳으로 올라오게 하면 됩니다."

아버지의 간절한 눈빛을 보고 나는 결단을 내려야만 했다. 어차피 오래 사실 수도 없고, 회복될 수도 없는 중환자였지만 아버지의 간절한 눈빛을 당장 묵살할 수 없었기 때문이다.

"아버지. 그러면 한번 더 해봐요, 우리."

"그렇지? 엄마 살려야 되겠지?"

아버지는 반가워하며 내 손을 잡았다. 당신의 본마음은 어머니를 쉽게 보낼 수 없는 것이었지만 병이 길어지자 내 눈치를 살피시는 그 마음이 안타까웠다. 비단 아버지 마음만 그런 것은 아니었다 내게 있어 우리 엄마는 내 인생의 전부이고 유일한 안식처인 그런 분이셨다. 어린 시절 수술 전까지는 나 혼자 다닐 수가 없었기에 엄마가 늘 업고 다녔다. 가끔 아버지가 대신했다.

"여보, 힘들지? 내가 업을게."

아버지 등으로 옮겨지면 몇 분도 지나지 않아 불편했던 나는 다시 엄마 쪽으로 손을 내밀었다.

"엄마가 업어줘."

그러면 다시 그 푸근한 엄마 등에 달라붙을 수 있었다. 무거운 나를 업고 다니다 발이 삐끗해 극심한 통증이 온 적도 있다. 하지만 내색조차 안 하고 이 악물고 끝까지 업은 날 놓지 않으셨다. 평생을 내 앞에서 한숨이나 눈물 같은 것은 보이질 않으신 그런 엄마의 무한 사랑의 힘이 있었기에 지금의 당당하고 자존감 높은 이승헌이 있는 것이다. 그런 엄마를 내가 어떻게 보낸단 말인가. 못 보낸다, 나도.

순식간에 병원에서는 생명연장 기기들을 가지고 입원실로 올라왔다. 어머니의 생명연장 인공호흡이 시작되었다. 나의 결단으로 결국 책임도 내가 져야 하는 것이다. 아버지의 간절한 눈빛은 나에게 '승헌아, 네 어미 살려다오.'이렇게 말하고 있었다. 나는 그 소리를 들은 것이다.

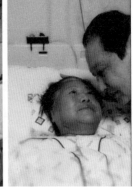

리더십이라는 것은 일단 듣는 데서 시작이 된다. 나를 이끄는 리더십이라면 나의 목소리를 들어야 한다. 내가 원하는 것, 내가 진정으로 바라는 것이 무엇인지를 내 스스로 알아야 한다. 그리고 나서 결정을 하는 것이다. 한번 결정하면 흔들림 없이 밀어붙여야 한다. 책임까지 져야 한다. 그렇기에 리더는 고독하다. 결단의 책임은 무겁기 때문이다.

한산섬 달 밝은 밤에 수루에 혼자 앉아
큰 칼 옆에 차고 깊은 시름 하는 적에
어디서 일성호가는 남의 애를 끊나니

너무도 유명한 이순신 장군의 '한산섬 달 밝은 밤에' 시조다. 전쟁 중에 홀로 고독을 씹으며 지은 시조는 그의 감정을 그대로 드러낸다. 나라를 진정으로 걱정하고 위하는 마음, 그러면서 자신의 결정 하나에 모든 것이 걸린 막중함이 전달된다.

아버지는 1년간 어머니 병간호를 하셨다. 어머니가 가끔 잠시 의식이 돌아와 나지막이 아버지 귀에만 들릴 정도의 소리로 말했다.

"여보."

그런 일이 있으면 그렇게 기뻐하시던 아버지셨다. 병원 식사가 마음에 들지 않는다고 식접 바닷가에 가서 갈치를 사다 정성껏 구워 어머니에게 먹일 정도였다. 사실 어머니를 병간호할 마땅한 사람들은 없었다. 누나와 형들은 다 외국과 서울에 살고 있고, 울산에 살고 있는 나와 아내가 어머니 병간호의 최종 책임자였고 사령탑이었다. 아버지는 더더욱 적극적으로 당신의 직성대로 어머니를 열심히 돌봐왔다.

그러나 운명의 장난은 여기에서 그치지 않았다. 매일 병원을 드나들며 무리했던 아버지가 어느 날 몸 상태가 좋지 않다고 전화가 왔다. 집에 계시는 아버지를 찾아가보니 기침과 열로 끙끙 앓고 계셨다. 서둘러 병원 응급실로 가 검사를 받으니 폐렴이었다. 그것도 위험한 수준이라 바로 중환자실로 입원해야만 한다는 것이다. 그 소릴 들은 아버지는 입원할 거면 차라리 엄마가 있는 병원으로 가겠다고 하셨다. 다시 구급차를 불러 울산대학병원 중환자실로 입원을 하게 되었다.

나는 조금만 바이러스가 잡히면 나아서 어머니 보러 갈 수 있다고 위로했다.

"아버지. 이번 염증만 가라앉으면 일어나서 어머니한테 가요."

차가운 중환자실에 누워 있던 아버지는 눈물을 머금은 채 고개를 끄덕였다.

하지만 노인에게 감염은 치명적이었다. 계속 새로운 바이러스가 생겨나고 몸을 공격했다. 항생제로 잡을 수가 없었다. 형들과 누나들이 달려오고 부모님이 양쪽 다 중환자실에 누워 있는 상황이 벌어졌다.

결국 아버지는 2018년 8월 어머니보다 먼저 돌아가시고 말았다. 어머니보다 당연히 더 오래 사실 줄로만 알았던 우리 가족들은 모두 어처구니가 없었다. 국가유공자인 아버지를 우리는 현충원이 아니라 가까운 곳에 마련해 놓은 묘역으로 모셨다.

이후 어머니는 의식이 없으면서도 아버지를 찾는 듯했다. 아버지가 없다는 걸 알고 눈치가 보이면 우리들은 거짓말을 했다.

"아버지? 엄마. 아버지는 서울에 수술하러 갔어요. 나아지면 돌아오실 거예요."

나와 아내는 그렇게 둘러댔지만 어머니는 그때부터 아버지가 없다는 것을 알고 삶의 의지를 놓으셨다. 아버지가 돌아가신 지 6개월 만에 어머니는 2019년 1월에 다시 의식을 잃으셨다. 더 이상의 생명연장은 의미가 없었다. 누나나 형들은 멀리 살고 있었다. 결단을 내릴 사람은 나뿐이었다. 아버지도 없는 세상에 어머니 혼자 고통 속의 삶을 살라고 우리의 욕심으로 생명을 연장해 놓는 것은 도리가 아니었다.

결국 나는 고독한 결단을 내렸다. 누나들과 형이 비난해도 할 수 없었다. 가시는 길 편히 보내 드리는 수밖에. 나는 위급시에도 더 이상 생명연장 치료를 거부한다고 의사에게 알렸다. 그리곤 어머니 손을 잡고 얼굴을 부비며 말했다.

"엄마, 내일이면 더 좋아질 거야, 한숨 푹 자."

그러자 힘겹게 눈을 뜨더니 나를 똑바로 쳐다보시는 게 아닌가. 너무나도 또렷하게.

"엄마! 엄마! 나 보여? 그동안 너무 고생 많았어, 엄마, 사랑해!"

눈물을 쏟으며 사랑한다고 울부짖는 내게 어머니는 마지막 남은 힘을 다해 고개를 끄덕이셨다. 이것이 내 사랑 어머니와의 마지막 대화였다.

어머니는 곧 급격히 상황이 나빠지더니 몇 시간이 지나지 않아 아버지 곁으로 가셨다. 나는 충분히 어머니 아버지 원하는 바를 들었다. 귀로 아닌 마음의 소리로 자녀들 곁에 조금이라도 더 있고 싶어 하며 자녀들을 사랑하셨지만 이제는 가고 싶으신 것이다. 두 분이 함께 있고 싶은 그 세상에 가도록 해 드려야 했다. 그 결단을 내가 내려야 한다는 사실이 피할 수 있다면 피하고 싶었지만 어쩔 수가 없었다.

리더들의 고독은 바로 여기에서 온다. 가끔 교회에 가보면 지도자를 위하여 기도하자고 말하는 사람들이 있다. 그들이 잘나서가 아니라 그들의 고독한 결단의 올바른 판단을 내리라고 하는 것이다. 결단이나 그로 인한 책임은 멀리하고 위에 우뚝 서는 것만을 즐기려는 잘못된 지도자들이 많다. 그들이 어찌 행동하느냐에 따라 나라는 잘못 굴러갈 수도 있다. 가정도 마찬가지다.

나는 우리 가정을 이끄는 리더이고 가장이다. 결단의 순간에는 과감히 결단을 내려야 한다. 그 책임을 져야 한다. 그러기 위해 리더십은 마음을 열고 들어야 한다. 의식이 없는 아버지 어머니의 마음의 이야기를 듣고 내가 결단을 내리는데, 살아 있는 사람들의 이야기를 듣는 것은 얼마나 쉬운가. 듣고 판단하고 결단하는 것. 쉽지만 어려운 일이다.

멀티태스킹과 한의학

가끔 드라마에서 보면 직장 생활하는 사무원들의 복잡한 책상이 나온다.

기본적으로 모니터가 두 개이고 개인적인 노트북 컴퓨터에 스마트폰, 패드 등을 들고 다니며 닥치는 대로 쏟아지는 업무를 해결한다. 한 가지 일을 한 번에 하나만 붙들고 해서는 안 되는 것이다. 이 모니터, 저 모니터 살펴보면서 문자가 오면 답신도 하고, 누군가 호출하면 달려가야 한다. 한마디로 멀티태스킹을 해야만 간신히 직장생활을 하는 바쁜 시절이 되었다.

한의원 진찰도 예외는 아니다. 명절 지나 새해가 되면 한의원에도 많은 사람들이 찾아온다. 자식들이 인사차 준 용돈으로 보약을 짓거나 그동안 명절 준비하느라 안 좋았던 몸을 풀려고 침이라도 맞으러 오는 분들이다. 대기실이 꽉 찰 정도로 환자들이 기다리고 있으면 파도가 거세게 치는 바다의 방파제가 된 느낌이다. 물밀 듯이 쏟아져 들어오는 것이 느껴진다. 몸이 안 좋은 분들은 빨리 진찰을 받고, 처방을 받아서 약을 타 가고 싶어 한다.

그 마음을 알기에 나는 환자가 들어오면 빠르게 증상을 물어보고 상담을 한다. 상담을 하는 동시에 그 환자의 체질을 파악하고 처방을 내려야 한다. 처방이 사물탕이냐 사군자탕이냐, 판단을 하고 그 안에 있는 약성분을 올릴 거냐, 내릴 거냐 등의 여러 요소들이 순간적으로 정리가 되어야 한다.

"또 머리가 어지럽진 않나요? 인삼 드시면 열이 나나요?"

입으로는 연신 환자의 상태를 물어보고 고충을 듣는다. 귀로는 듣고 눈으로는 컴퓨터 모니터를 바라보며 처방약을 하나하나 끌어다가 넣는다. 그러면서 신경은 밖에 있는 환자들이 얼마나 급한가를 살펴야 한다. 한마디로 뇌를 여러 폴더로 나누어 각자 부지런히 역할을 하도록 만드는 셈이다.

과거 〈허준〉이나 〈동의보감〉 같은 드라마를 보면 환자 하나하나에 지극정성을 다하며, 시간을 갖고 이것저것 물어 보고 관찰하기도 하지만 지금은 그럴 수가 없다. 그렇게 한 시간이고 두 시간이고 환자 맥을 보며 증세를 신중하게 살피고 관찰한다면 아마 한의원들은 문을 닫아야 할 것이다 환자들이 갑갑증에 견디질 못하기 때문이다. 증세를 말하면 바로 알아듣고 직방으로 처방을 해주며 빨리빨리 조처해줘야 한다.

이는 탕약도 마찬가지다. 과거의 한약은 흰 종이에 싸서 줄줄이 묶어 들고 집에 가서 직접 약탕기에 달여 먹었다. 하지만 요즘은 그러한 번거로움도 싫다하여 탕제실에서 직접 달여 택배로 보내 주고 있다. 무척 편리해졌고 장점도 많다. 과거의 한약은 달이다보면 쫄기도 하고, 물을 많이 부어서 묽어지기도 하는데 지금은 그렇지 않다. 기계에 의해 정량이 정시에 딱 나오기 때문이다.

이렇게 한의사로서 멀티태스킹을 해야 되니 환자 한 사람을 놓고 오래 고민할 시간이 없다. 지식과 경험을 바탕으로 직관해야 한다. 어떨 때는 모험을 하는 마음이지만 그런 직관력으로 처방을 내리는 것이 대개는 맞아 떨어지는 경우가 있다. 멀티태스킹을 해내는 젊은이들을 보면 신기하다고들 하지만 그들은 남들보다 많은 일을 빠르게 해내고 있는 것이다.

그런 시대에 맞춰서인지 요즘 아이들을 보면 스마트폰이나 전자기기를 자신의 신체 일부처럼 다룬다. 이미 시대의 흐름에 따라 미래에 대한 준비가 되어 있는 것이다. 오늘날은 4차산업혁명의 시기로 인공지능과 빅데이터의 시대다. 멀티태스킹으로 일을 해야만 되는 시대가 되었다. 세상이 변하면 거기에 맞춰 가야 한다.

가끔은 한의원에도 구급 환자가 들어온다. 대기실에서 기다리다 병세가 급해져 거품을 물고 쓰러지거나 발작을 일으킨다.

"어머! 어떡해!"

다른 환자들이나 간호사들이 당황하며 소리를 지르기도 하지만 나는 차분하게 그들을 진정시킨다.

"소리 지르지 마세요. 환자들이 불안해해요."

그럴 때 나의 멀티태스킹 능력은 최대로 발휘된다. 침착하게 환자의 동태를 살핀다. 내 안에 있는 모든 직관력이 총동원된다. 그리고 침을 쏜다든가 해서 내가 할 수 있는 응급조치를 취해 준다. 그래도 안 되는 물리적이고 외과적인 질병은 구급차를 불러야 한다. 침착하게 빠르게 모든 걸 판단해야 하는 것이다.

어디 그뿐인가. 진료로 정신없을 때도 가족이나 친지들에게서 전화가 오거나 하면 다 대답을 해줘야 한다. 한마디로 전쟁터에 나앉아 있는 셈이다. 나만 그런 것은 아니다. 사회가 이렇게 바쁘다 보니 현대인들은 일이 끝나면 피폐해진다. 영혼이 탈탈 털리는 거다.

나는 그런 그들에게 마음을 놓을 수 있는 가족들과의 사랑을 더욱 돈독히 하라고 한다. 그리고 친구들을 적극적으로 사귀라고 권장한다. 아무 부담 없이 편안하게 나를 대해줄 사람들과 무한한 사랑으로 좋은 관계를 유지해야 한다.

그리고 시간이 날 때면 명상이 필요하다. 나와 만나는 시간이다. 들떠 있고 바쁘게 돌아가는 두뇌를 침잠시키고 여러 개의 폴더로 구분되어 돌아가는 두뇌를 하나로 합치며 호흡으로 집중하고 흥분해 있던 나의 장기들을 고르게 다독거려 주는 시간. 그런 시간이 있어야 멀티태스킹이 가능해진다. 채근담에서는 이렇게 말했다.

"사람의 경우란 어떤 것을 갖출 수도 있고 갖추지 못할 수도 있거늘 어찌 저 혼자만 모든 것을 갖출 수 있겠는가. 스스로의 마음에도 순할 때가 있고 순하지 못할 때가 있거늘 어찌 남으로 하여금 모두 순하게 할 수 있으랴. 이런 것으로 서로 대조하여 균형을 가다듬어 나간다면 또한 하나의 좋은 방편이 될 것이니라."

삶은 모든 요소가 적재적소에서 균형과 평형을 맞추는 것이기 때문이다. 그것이 건강한 삶이다. 멀티태스킹과 과로로 시달리는 사람에게는 양의로 치료할 수 없는 부분이 있다. 각종 검사를 해보아도 건강하다고 나오는데 몸은 아프니 답답할 노릇이다. 한의학만이 그런 분들의 건강을 챙겨줄 수 있다. 약한 곳을 보해주고, 채워주는 것은 한의에서만 가능하다. 건강검진은 정상이나 어딘가 몸이 좋지 않은 사람은 반드시 가까운 한의원을 방문해보길 권한다. 굳이 보약을 먹지 않더라도 한의원에 가면 침과 뜸으로 나의 몸을 사랑해 줄 수 있고, 그 시간만이라도 나의 지친 몸을 위로해 줄 수 있다.

일만 하는 것이 멀티태스킹이 아니다. 쉬고 릴랙스하며 나와 가족, 그리고 주변을 살피는 것이야말로 진정한 행복한 삶의 멀티태스킹이다.

2장

소통의 기쁨

함께 가면 멀리 간다

"승헌아, 학교 가자. 빨리 나와."

아침밥을 먹고 있으면 친구들이 집 앞에 와서 소리를 지른다.

"응. 알았어. 기다려."

나는 재빨리 밥을 먹고 자전거 위에 올라탄다. 초등학교 1학년, 나의 통학 도구는 세발자전거. 가방을 짐받이에 싣고 나가면 아이들이 모두 달라붙는다. 모두 나의 친구들이다. 코를 흘리기도 하고, 그걸 닦는 수건을 가슴에 걸기도 했지만 친구들은 나와 함께 와자지껄 떠들며 학교로 향한다.

학교까지의 거리는 불과 몇 백 미터. 이 학교에 가기 위해서 우리 어머니는 투쟁을 해야만 했다. 행정구역상 내가 사는 성남

동에서 멀리 떨어진 울산초등학교로 나는 배정이 되었다. 길만 건너가면 다른 학군에 속한 양사초등학교가 있었는데 학교 배정을 학군에 맞춰 받은 것이다. 어머니는 양쪽 학교를 찾아다니며 항의를 하셨다. 관료적인 학교 선생님들은 원래 구역에 있는 학교로 가야 한다고 주장을 했다. 하지만 어머니는 바로 코앞에 학교가 있는데 몸이 불편한 아이가 어떻게 먼 곳으로 가라는 것이냐며 버티셨다. 예나 지금이나 공무원들의 관료적인 사고방식에서 변화를 불러일으키기가 쉽지가 않다. 집요한 어머니의 항의와 노력 덕분에 결국 나는 가까운 곳에 있는 학교로 배정되었다.

그 다음부터는 학교 가는 것이 문제였다. 어머님이 업고 가는 방법도 있었지만 나는 그때 자전거를 타고 다녔다. 다행히 왼쪽 다리에 힘이 있어서 페달을 밟을 수가 있었다. 오른쪽 다리는 힘이 없는데 그 대신 오른팔로 무릎을 눌러 자전거를 굴렸다. 핸들을 왼손으로 붙잡고 타다보니 세발자전거를 타고도 동네를 제법 다닐 수 있게 되었던 것이다. 그 자전거를 타고 어머니와 함께 신나게 입학식 날 학교를 갔다.

과거에는 유치원을 다니는 애들이 별로 없었기 때문에 학교에서 유치원 수업을 약간은 병행했다. 병아리를 이끄는 어미닭처럼 학교 시설 여기저기를 다니며 선생님은 외친다.

"참새!"

"짹짹!"

아이들이 선생님의 구령에 맞춰 행진하며 학교 운동장을 몇 바퀴 도는 게 일종의 선행학습이었다. 유치원 같은 제도권 교육을 받지 않던 아이들이 집단에 들어가는 과정인 셈이다. 처음에 나는 자전거에만 앉아 구경하고 있었는데 선생님이 다가와 말씀하시는 거였다.

"승헌아. 너도 같이 해라."

그래서 나는 자연스럽게 아이들 틈에 껴 모든 활동을 같이 하게 되었다. 그렇게 며칠을 학교에서 돌고 나니 드디어 교실로 들어가는 때가 되었는데 계단이 있었다. 어머니는 걱정하셨지만 나는 거리낌 없이 자전거에서 내렸다. 양팔을 이용해 바람처럼 계단을 기어 올라갔다. 남은 것은 자전거였는데 함께 다니던 친구들이 그새 친해져 누가 뭐라고 할 것도 없이 그 자전거를 들고 계단을 낑낑대며 올라와 주었다. 그렇게 해서 나는 학교를 다니게 되었다.

친구들은 아침마다 우리 집에 와서 나와 함께 학교에 갔고, 돌아올 때도 자전거 타고 같이 돌아왔다. 선생님들과 학교에서는 그런 나를 배려해 주었다. 친구들과 어울려 신나게 땅따먹기도 하고 교실 바닥에서 기는 시합도 하면서 나는 급격하게 사회화를 이룰 수 있었다. 아마도 그 친구들이 없었다면 오늘날의 나도 없으리라.

나는 그렇게 학교를 다니고 고향을 떠나 서울에서 공부를 하고 미국에도 잠시 다녀오며 오랜 시간 울산을 벗어나 있었다. 다시 돌아와 고향에서 한의원을 개원할 때 수많은 좋은 이름들 중에 '이승헌한의원'으로 정한 것은 다 이유가 있다. 나의 어린 시절 친구들에게 내가 이곳에 돌아와 한의원을 열었다는 걸 알려주고 싶어서이다. 가끔은 한의원 문을 열고 의심스러운 눈초리로 와서 묻는 사람이 있다.

"여기 혹시 이승헌 원장이 양사초등학교 나온 내 동창 친구 아닙니까?"

"맞는데? 넌 누고?"

그렇게 하여 나는 새로이 잊었던 친구 하나를 찾곤 했다. 아무리 똑똑하고 잘났다 해도 친구들이 아니라면 오늘날의 나는 없었다. 혼자 가면 빨리 갈지 모르지만 함께 왔기 때문에 내가 이렇게 오래 멀리까지 온 것이다. 좋은 친구들이 있다는 것은 그의 삶이 훌륭해질 수 있다는 가능성이라고 나는 믿는다.

친구 없이 성공도 없다

"네가 무슨 조폭이가? 아이들 몰고 다니게."

고등학교 때 선생님께서 나에게 한 말이다. 그때 나와 어울리는 친구들은 자칭 '헛소리파'이다. 하도 모이면 헛소리들만 하기에 붙인 이름이기도 하다. 공부 잘하는 아이들과 못 하는 아이들 상관없이 뜻과 배포가 맞는 아이들은 누구나 우리 모임의 멤버가 될 수 있었다. 불량 서클이 아니라 친한 친구그룹인 셈이다. 사실 헛소리파의 실질적인 리더는 나였다.

건장하고 에너지 넘치는 고등학생들 사이에서 장애를 가진 내가 어떻게 리더가 되었을까? 그것은 아주 간단하다. 내가 브레인 역할을 했기 때문이다. 내가 생각하고 내가 원하는 것을 이야기하면 아이들은 묵묵히 따라 주었다.

"야, 오늘은 라면이나 한 그릇 먹자."

그러면 아이들이 모두 내 말을 따랐다. 이렇게 놀러 가도 함께 우르르 몰려다니며 내가 하자는 대로 함께 즐거운 시간을 보내니 지켜보던 선생님이 날 보고 조폭 우두머리냐고 말씀하실 만도 하다.

내 생일날이면 집으로 친구 전체를 초대한다. 녀석들은 작은 선물 하나씩 준비하여 하나둘 모여드는데 순식간에 열 명이 넘어 버린다. 차려진 생일상에 맥주 세 병이 올라온다.

"요건 딱 한 잔씩들만 해라."

술 한번 먹고 싶은 빡빡머리 고등학생들의 마음을 어머니가 아시는 거다.

신나게 음식을 싹 다 먹어 치우고 나면 우린 장난을 친다.

"가위 바위 보 해서 지는 사람이 간장과 나머지 양념장 까지 다 먹는다 어때?"

"오오오 좋은데 콜~~"

그렇게 설거지가 필요 없게 상을 치우고 떼를 지어 어딘가로 놀러 나가곤 했다.

    살면서 동료 장애인들 많이 보는데 장애인들도 역시 사람인지라 여러 부류로 나뉘는 걸 느낀다. 장애를 스스로 수용하는 것을 넘어 지나치게 오버액션을 하는 사람도 있다. 마치 자신이 대단한 인물인 양 호기를 부리고, 사람들을 끌어 모아 낄 데 안 낄 데 다 쫓아다니는 조증 장애인들이 그들이다. 그들을 자세히 살펴보면 대개 실속이 없다. 얼핏 보면 밝고 명랑하게 주도적인 삶을 사는 것 같지만 실속 없음으로 인해 결국은 어려움에 처하게 되는데 주위에 도움을 줄 사람이 하나도 없다. 다른 비장애인들에게도 실망을 줘서 결국 장애인의 이미지를 크게 훼손하고 만다. 내가 보기엔 오체불만족의 주인공 오토 다케 같은 친구다. 그는 결국 여러 여자들과의 스캔들로 몰락하지 않았던가.

반대의 경우도 있다. 장애를 수용하지 못하고 움츠러든 채 세상을 암울하게만 보는 울증 장애인들이다. 대개 이런 장애인들이 전체 장애인들의 어두운 이미지를 대표한다. 일반인들도 이런 장애인들만 보다가 나 같은 사람을 보면 조금은 당황한다. 그들이 생각하는 우울하고 소극적인 장애인 이미지와 잘 맞지 않기 때문이다.

그러고 나면 중용을 실천하는 장애인들만 남으니 나 같은 부류다. 그들은 장애의 고통을 수용하면서 또한 비장애인들과 함께 동화되어 가는 삶을 산다. 그리하여 장애는 크게 문제가 되지 않는다는 것을 보여주는 것이다.

헛소리파의 우정처럼 친구들이 있었기에 나는 자연스럽게 사회화했다. 함께 공부하고 함께 놀러 다니고, 더불어 즐거운 시간을 보냈다. 이런 것들이 있었기에 사회에 나와서 비장애인들의 삶을 자연스럽게 받아들이고 힘들고 어려울 때는 그들로부터 용기를 얻는 것이다. 부모들 가운데 깨인 분들은 자녀들의 친구에게 굉장히 우호적이고 잘해 준다. 친구의 중요성을 알기 때문이다. 심지어 내가 아는 어떤 부모님은 우리들에게 이렇게 말씀하시기까지 했다.

"내가 죽고 나면 너희들이 우리 아들한테 부모 노릇을 꼭 해줘야 한다."

그게 무슨 말인가. 곰곰이 생각해보니 이렇다. 자녀가 슬프고 힘들 때 위로해 주고 어려울 때 도와주는 부모의 역할을 정작 부모는 끝까지 할 수 없다. 친구들만이 함께 성장하고 늙으면서 곁에 있어줄 수 있는 것이다. 이런 좋은 친구들을 가진 자만이 자기의 삶을 주도적으로 이끌고 성공을 향해 나아갈 수 있다. 친구들을 이끌어 본 자만이 자신의 삶을 이끌 수 있고, 자신의 사업이나 자신의 꿈을 향해 나아가는 비전을 관리할 수 있다.

시인 '구상'은 소 그림으로 유명한 화가 '이중섭'과 오래된 친구였다. 구상이 한번은 폐결핵으로 수술을 받게 되었다. 손상된 한쪽 폐를 절단했는데 이 사실이 알려지자 친구들이 문병을 많이 왔다. 하지만 구상은 친구들 가운데서도 절친인 이중섭이 꼭 찾아와 위로해주고 대화 나누길 기대했다. 하지만 평소에도 교류가 적었던 친구와 지인들이 모두 병문안을 와 주었는데 이상하게 이중섭만 나타나지 않는 것이 아닌가. 기다리던 구상은 은근히 기다리다 못해 야속한 마음이 들었다.

그런데 마침내 이중섭이 병실 문을 열고 들어왔다. 구상은 무척 반가웠지만 그 마음을 감추고 짐짓 부아가 난 것처럼 말했다.

"섭섭하네. 이제야 나타나다니."

가장 먼저 달려올 줄 알았던 친구였기에 퉁명스럽게 말했다. 그러자 이중섭이 멋쩍은 얼굴로 말했다.

"정말 미안하네. 당장 오고 싶었지만 아다시피 나는 빈손 아닌가. 그래서 그만……."

이중섭은 당시 가족과도 떨어져 살면서 가난한 삶을 살고 있었다.

"자네 주려고 이걸 준비했네."

이중섭은 구상에게 종이로 싼 꾸러미를 내밀었다 그것은 바로 천도복숭아 그림이었다.

"옛 말에 천도복숭아를 먹으면 무병장수한다고 했다네. 한두 개 먹어서는 안 될 것 같아서 먹어도먹어도 없어지지 않는 그림 복숭아를 가지고 왔네."

과일도 변변히 살 수 없는 친구가 그림을 그려 오느라 늦은 걸 생각하니 구상은 가슴 아팠다. 그 뒤 구상은 세상을 떠날 때까지 이 천도복숭아를 서재에 걸어 두고 볼 때마다 친구 생각을 했다고 한다.

두 사람의 나이 차이는 세 살이다. 그렇기에 나는 친구는 위아래가 없다고 생각한다. 우리 사회는 아직도 유교적인 서열사회이고 상명하복(上命下服) 위주의 권위적인 사회이다. 형님 동생으로, 상관과 부하직원으로 위계질서를 좋아한다. 나는 윗사람에게 형님이라고 부르고 아랫사람은 동생이라 부르지만 사실은 친구지간이라고 생각한다.

친구도 물론 여러 종류가 있다. 만나서 밥 한 끼 먹을 수 있는 친구, 아니면 1차 정도까지 술을 마실 수 있는 친구. 온통 흉금을 털어놓고 토하도록 술을 먹고 부끄러운 꼴까지 다 보고도 용납해 줄 수 있는 친구 등등.

울산에서 내가 알게 된 친구 가운데 하나로 청담치과의 원장인 임태근이 있다. 나이는 나보다 몇 살 어린데, 형, 동생 하면서 친형제보다 더 친하게 지내고 있다. 어느 날 이 친구랑 술 한잔을 하는데 말하는 것이다.

"형, 콘도 회원권 내가 하나 사는데 사용자 중 하나는 형 이름으로 했어."

지갑에서 내 이름이 기재되어 있는 회원권 카드를 건네는 게 아닌가.

"콘도는 왜?"

"형도 콘도 사용할 수 있어. 같이 놀러도 가고, 가끔 시간 내서 사람들과 사귀려면 콘도 하나 정도 있어야 되잖아. 그래서."

일반인들이 들으면 어이가 없을 일이지만 우리 사이는 그렇다. 우리는 형제지간이나 마찬가지이기 때문에 부모님이 돌아가시면 발인까지 함께 하자고 약속을 했다. 처음에는 긴가민가했다.

"야, 병원 문을 닫고 첫날부터 발인까지? 전부?"

"형! 그럼 형님 부모님 돌아가셨는데 한의원 할 거예요?"

듣고 보니 진짜 형제라고 하면 당연한 거였다

"아,아, 그,그래. 알았어."

그 결과 우리 어머님과 아버님이 돌아가셨을 때 그 친구는 정말 치과 문을 사흘간 닫고 간호사 10명까지 와서 상주처럼 우리의 일을 돌봐주었다. 심지어는 이런 일도 있었다. 단체모임의 총무가 되어 해외여행을 주관해서 떠났는데 현지에 도착했을 때 나에게서 어머니 부음이 날아갔다. 그러자 그 친구는 바로 일정을 소화하라고 일행들은 남겨 놓고 혼자 돌아오는 비행기에 몸을 실었다. 자기의 생업을 작파하고 나의 경조사에 참여해주는 이런 친구가 있는 한, 나는 어떤 고난이 오거나 힘들고 어려워도 좌절할 수 없다. 가끔은 머리 식히고 오라고 우리 가족에게 제주도 갈 수 있게 비행기 표와 호텔까지 끊어 주는 친구이다.

인생에서 우정을 제거해 버린다는 건 이 세계에서 태양을 없애버리는 것과 같다. 불사의 신들이 인간에게 베풀어 준 것 가운데 이토록 아름답고 즐거운 것이 또 있을까?

– 키케로

지금도 내가 힘든 일로 괴로워 한다는 소식이 들리거나 하면 바로 전화가 온다.

"형 무슨 일 있으면 언제든 나한테 제일 먼저 이야기 하라고 했지요?"

"왜?"

"동생이 알아야 일 처리를 하잖아요, 쫌."

자신의 꿈을 이루고 성공하려는 자, 혼자서는 할 수 없다. 백지장도 맞들면 낫다고 했다. 나에게 주변에 친구가 있는지 없는지를 먼저 살펴라. 친구들이 있는 자만이 도전할 수 있다. 친구가 있어야 성공도 나눌 수 있고 실패도 나눌 수 있다. 친구 없는 사람이라는 것은 밤하늘에 별이 없는 사람이나 마찬가지다.

마음을 열고 용기를 내자

<u>"사람들 만나는 것이 두려워요."</u>

"사람들이 잡아먹지는 않는데요?"

가끔 한의원에 있다 보면 중년이나 젊은 사람들이 찾아온다. 되게 우울하고 소심한 사람들이 대인기피증 같은 병에 걸려 오는 것이다.

"친구 없어요?"

"네."

그런 사람들에게 몇 명의 친구만 있다면 병을 키우지도 않을 것이고 좀 더 건강한 삶을 살았을 것이다.

"친구를 좀 사귀어 보시지요."

"사람 사귀는 게 어려워요."

사람 사귀는 게 어렵다는 것은 틀린 말은 아닐 것이다. 낯선 사람에게 선뜻 다가가는 것이 쉽지 않기 때문이다. 특히 장애인이나 마음에 상처가 있는 사람들은 더더욱 그럴 공산이 크다.

그렇지만 나는 학교를 다닐 때 언제든 같이 어울리는 친구 패거리들이 많이 있었다. 심지어 재수할 때도 그랬다. 1차로 원하는 대학에 떨어진 뒤 나는 기숙형 학원에서 공부를 했다. 기숙형 학원은 한 마디로 수험생의 감방이나 마찬가지다. 재수생들이 자의적으로 공부를 못하니 타의적으로 가둬 놓고 밥 먹고 공부만 하도록 만들어 놓은 시스템이다. 이제 갓 20살이 되었거나 되기 직전인 혈기왕성한 젊은이들을 가둬 놓고 공부를 시키는 일은 결코 쉬운 일이 아니다. 기숙사측이 철저하게 감시하고 통제했지만 그 와중에서도 나는 친구들과 술 먹고 함께 우의를 다졌다.

외출 후 기숙사로 복귀를 할 때면 소지품 검사를 한다. 이때 들키지 않게 하려고 먼저 친구가 검문을 통과하면 건물 창문 밖으로 끈을 내려 보낸다. 그럼 거기에 준비한 캡틴큐 양주병을 매달아 위에서 재빠르게 끌어 올린다. 비닐로 병을 감싸 변기 물통에 몰래 담가 두었다가 몰래 꺼내 먹기도 했다. 소등 후에 사감 몰래 조용히 한 침대로 모여서 새우깡 하나 또는 식빵에 마요네즈 대충 찍은 것을 안주삼아 먹는 거였다. 그것이 공부만 해야 하는 혈기왕성한 우리들의 유일한 배출구이기도 했다.

아침 일찍 일어나 친구들이 관악산 쪽으로 구보를 나간 사이에 나는 먼저 씻은 뒤 식당에서 식사를 했다. 식당 주방장도 벌써 어머니가 와서 손을 써 놔서인지 나에게는 다른 아이들과 다르게 참치 캔이라도 하나 더 얹어 주곤 했다. 이렇게 나는 남들보다 조금 앞서 움직여야만 그들의 일정을 따라갈 수 있었다.

나는 공부 잘하는 친구부터 좀 거친 애들까지 수없이 많은 친구들을 가지고 있다. 그러다 보니 친구를 갖지 못하고 우울하거나 외로운 마음을 쌓아두다 병에 걸려 찾아오는 사람들을 보면 안타깝다. 친구를 사귀는 요령이랄 것도 없지만 그런 사람들은 나에게 되묻곤 한다.

"어떻게 친구를 사귈까요?"

"무조건 마음을 여세요."

그렇다. 마음을 여는 것이 중요하다. 내 자신이 꽁꽁 문을 닫아 걸어 놓고 상대방에게 진심으로 마음을 열지 않는 한 그 누구도 나와 친구가 될 수 없다. 그 누구에게도 있는 그대로의 모습을 보여줄 줄 알아야 한다.

물론 마음을 먼저 여는 것은 힘들다. 상대방이 누구인지 알 수 없기 때문이다. 하지만 무조건 열고 볼 일이다. 간혹 잘못 열어서 다칠 수도 있겠지만 그것은 그때 가서 해결하면 될 문제다. 어린 시절 나는 친구들과 동등한 조건에서 장난을 치거나 뒹굴며 놀았다. 한번은 방안에서 기어가기 시합을 했다. 그 녀석은 나를 잡으려고 급하게 가다가 팔이 꼬이면서 그대로 땅바닥에 얼굴을 박아 앞니가 부러지기도 했다.

이렇게 마음을 열고 친구들에게 다가간 뒤에 두 번째는 말을 먼저 걸어야 한다. 말 거는 것이 굉장히 두렵다고 하는데 말이라는 것은 원래 들으라고 하는 것이다. 나에게 말하는 기능이 있다는 것은 누군가에게 들어 달라는 의미다. 이 기능을 억제하니 병에 걸릴 수밖에 없다. 마음을 열고 용기를 내자. 말하지 않으면 그 사람의 삶을 정상이라 할 수 없다. 궁금한 게 있으면 물어보고 누군가가 잘못된 이야기를 하면 바로 잡아주고……. 말을 통해서 소통하고 대화를 하도록 기능이 주어졌는데 이것을 쓰지 않으면 친구를 얻을 수 없는 것은 물론이고 내 생각을 남들에게 제대로 전할 수도 없다. 소통이 되지 않으니 고통이 따른다. 친구가 힘들면 먼저 말을 걸고 누군가 낯선 사람을 보더라도 친절하게 인사를 건네고 이러한 것들이 친구를 만드는 첩경이다

말을 하다 보면 세 번째로는 상대방의 마음을 알게 된다. 대화를 주고받으면 그가 원하는 것이 무엇인지 어떤 사람인지를 알게 된다. 진정한 역지사지(易地思之)는 대화를 해봐야 알 수 있다. 무엇을 원하는지 어떤 입장에 있는지 무엇을 하려 하는지 등은 말을 통해서만 얻을 수 있는 고급 정보이다.

상대편의 말을 잘 들어줌과 동시에 잘 대답할 수 있는 것이야말로 대화술의 극치라 할 수 있다.

- 라 로슈프코

나도 가끔은 술자리를 가진다. 먹을 때 보면 마시지 않고 쏟

아 버리거나 찔끔거리는 친구들이 있다. 그러면 숟가락으로 먹으라고 하나씩 하나씩 떠먹인다. 요게 이름하여 부르펜이라고, 열나면 애기들 숟가락으로 약먹이듯 한다고 해서 붙은 별명이다. 숟가락으로 술을 마시면 더 빨리 취하고 더 오래 가는 법이다. 요렇게 하면서 순식간에 잔들을 비운다. 이런 장난도 마음을 열어놓고 하고 싶은 이야기를 주고받으며 이루어진다. 내가 편하게 마음을 열면 상대방도 편하게 되어 같이 친해질 수 있다. 술자리의 효용은 바로 이런 것이다. 물론 과하면 안된다.

친구를 사귀기 힘든 현대 사회다. 이럴 때일수록 우리는 좋은 친구 사귀기에 애를 써야 한다. 좋은 친구 한 두 명만 있으면 우울증에 걸릴 일도 없고, 노후의 지독한 외로움을 걱정할 필요도 없다. 노후에 가장 필요한 것이 좋은 친구, 다정한 아내. 멀리 있는 자녀들이라고 하지 않던가.

나는 혼자가 아니야

자동차에 휠체어를 실었다.

그리고 휠체어에 연결하여 쉽게 이동할 수 있는 보조동력장
치까지 준비했다. 만반의 준비를 끝낸 거다. 이제 홍매화 보러 가
는 데 아무 문제가 없다. 이 여행에는 둘째와 셋째도 같이 간다고
해서 시끌벅적 하게 우리는 집을 나섰다.

얼마 전 토요일 오후 4시경 지난 해에 홍매화 보러 가자고 해
서 힘들게 했던 박기일형의 전화가 왔다. 가뜩이나 아내의 건강
문제도 있고 해서 마음이 우울하고 걱정이 많은 때였다.

"우리는 지금 출발할 수 있다. 너희 동네에서 소고기 먹자."

사실 그날 나는 2시에 한의원 진료를 마치고 와서 늦은 점심을 먹은 터였다. 아내와 아이들도 늦은 점심 겸 저녁을 먹고 있을 때가 아닌가.

"좀 일찍 미리 좀 연락하시지."

그렇지만 일부러 시간 내서 온다는데, 아니 그것도 사준다는데 말릴 수는 없는 노릇이었다. 그렇게 해서 부른 배를 부여잡고 그 비싸고 맛난 소고기를 애들은 못 데려가고 부부끼리만 먹었다. 아내가 갑자기 수술을 앞두고 있다고 하니 그 형님 부부는 수술 전에 몸보신을 시켜 주고 싶었던 모양이다. 감사하지 않을 수가 없었다. 홍매화 보러 가서 고생한 이야기도 다시 하며 웃었다. 그러더니 말 나온 김에 올해도 또 홍매화를 보러 가자는 거였다.

"싫어, 안 해. 안 가."

"가자 내일 아침에 올게."

"노우 네버 싫어. 안해. 못해."

작년에 고생한 기억에 안 한다고 우기고 있는데 꽃을 좋아하는 아내가 불쑥 대답해버렸다.

"우와, 좋아요. 가요."

그렇게 해서 가게 된 꽃놀이. 그렇다면 철저히 준비해야 하겠다는 심정으로 준비를 하고 가족들 대워 나들이를 나섰다.

그런데 이번에 골라서 준비한 장소는 전과 다른 코스다. 주차를 멀찍이 해놓고 형님이 앞장을 선다. 미심쩍긴 했지만 자신 있게 준비한 구동장치를 휠체어에 장착하고 출발했다. 이 장치는 휠체어를 앞에 있는 모터가 끌어주는 것이라 마치 스쿠터가 되는 것과 유사하다. 휠체어 동력장치는 언덕이 지속되거나 경사가 높으면 맥을 못 쓰는데. 그런 곳을 택하다니, 역시 나쁜 할배 같은 형이 맞다. 처음엔 잘 끌던 구동장치가 언덕이 이어지자 역시 힘을 쓰지 못하고 빌빌거려 우리 애들과 형이 번갈아 밀고 당겼다. 또 한 번의 난리 끝에 통도사의 홍매화를 다시 구경했다. 그리고 여러 암자를 투어하니 많이 걸은 아이들이 배고프다고 한다. 급하게 근처 식당에서 돼지김치 짜글이로 요기를 하고 탁 트인 바다 보자 해서 일년 전에 갔던 카페를 찾아가는데 웬 차들이 그리도 많은지 모른다. 도로도 막히고 그 큰 카페도 앉을 자리가 없을 정도로 바글바글하다. 코로나바이러스가 무색할 정도다. 이럴 거면 사람들이 동네 식당이나 좀 많이 가주지 하는 생각이 들었다.

그렇게 빵도 먹고 차도 마시고 바다도 보고 스트레스 풀고 돌아오는데 또 저녁까지 먹자고 한다. 배가 꺼질 틈이 없을 정도인데 하는 수 없이 닭갈비집에서 막걸리 한 잔 하며 쫑알거리는 우리 애들 덕분에 배꼽 잡는 즐거운 시간을 보냈다.

아무것도 안하고 집에 있었으면 우울하고 따분함에 온몸이 축 처졌을 것이다. 홍매화를 보러 가자고 이끌어내 준 형님 내외분과 엄마 아빠가 울적할 것을 짐작하고 따라 나서준 우리 속 깊은 아이들 덕분에 긴 하루를 짧고 행복하게 보낼 수 있었다. 그런 주위 분들의 관심과 응원으로 또 한 시련을 이겨 내며 사는 게 인생이 아니겠는가. 혼자가 아니기에 살 만한 인생이다.

오래 살고 싶은가

"어르신, 오래오래 사십시오."

"만수무강하세요."

노인들에게 흔히 하는 덕담이다. 건강하게 오래 사는 것. 무병장수는 대부분의 사람들이 원하는 큰 복이다. 그렇다 보니 의학계의 영원한 화두는 어떤 사람이 오래 사는가이다. 그걸 알아내면 인류의 수명을 연장할 수 있기 때문이다.

흡연, 음주, 일하는 스타일, 사회적 지위, 경제 상황, 인간관계 등에 이르기까지 오래도록 조사한 끝에 의외의 진실이 밝혀졌다.

담배나 술은 수명과 무관하지는 않지만 크게 결정적이지는 않았다. 운 좋게도 100살 가까이 살면서 흡연하는 사람도 있고,

매일 술을 즐겨도 장수하는 사람이 있다. 돈이 많은 부자가 장수하기도 하고, 사회적 지위가 높거나 일과 휴식을 안배해도 장수한다.

하지만 그런 모든 요인이 결정적인 것은 아니었다. 확률 문제라고나 할까. 그걸 보고 음주와 흡연과 불규칙한 생활을 해도 오래 살 수 있다고 주장하는 사람이 있다. 그러면서 마치 음주 흡연을 해도 되는 면죄부라도 받은 것처럼 말하는데 그건 그릇된 견해다. 음주흡연으로 몸이 망가진 사람들은 이미 다 죽었기에 예외적으로 살아 있는 몇몇을 놓고 일반화해서는 곤란하다.

그래서 다른 요인을 찾던 사람들은 결정적 요인을 하나 찾아냈다. 오랜 조사 끝에 마침내 밝혀낸 장수하는 사람들의 공통점은 놀랍게도 '친구의 수'였다는 것이다. 즉, 친구의 수가 적을수록 쉽게 병에 걸리고, 일찍 죽는 사람들이 많았다. 인생의 희로애락을 함께 나누는 친구들이 많고 그 친구들과 함께 보내는 시간이 잦을수록, 스트레스가 줄며 더 건강한 삶을 유지하였다는 사실이다. 인터넷에 떠도는 다음과 같은 글이 있다.

친구란?
환경이 어떻든 늘 함께 있었으면 하는 사람이다.
친구란?
문제가 생겼을 때 상담하고 싶어지는 사람이다.
친구란?

좋은 소식을 들으면 제일 먼저 알리고픈 사람이다.

친구란?

밝히고 싶지 않은 일도 얘기하고픈 사람이다.

친구란?

마음이 괴롭고 아플 때 의지하고픈 사람이다.

친구란?

넘어졌을 때 곁에서 무릎 꿇어 일으켜 주는 사람이다.

친구란?

기대어 울 수 있는 어깨를 가진 사람이다.

친구란?

내가 울 때 한 줄기 눈물 흘리는 사람이다.

친구란?

내가 실수했다 하더라도

언짢은 표정 일절 짓지 않는 사람이다.

친구란?

진실된 충고와 위로를 해주는 사람이다.

친구란?

나의 무거운 짐을 조금이라도 덜어 주는 사람이다.

친구란?

작은 물건이라도 즐겁게 나누어 쓸 수 있는 사람이다.

당신이 내 친구이기에

오래 살 수 있을 것 같아 행복합니다.

친구를 소중히 여기고 그들과 즐거운 시간 많이 갖는 건 즐거운 일이다. 즐거움으로 수명도 연장되니 이 어찌 기쁘지 않은가. 지금이라도 잊고 있던 친구에게 전화를 걸어보자. 아니면 문자 하나 남겨보자. 나의 수명이 조금은 연장될 것이다.

한 달 간의 생일파티

며칠 동안 호텔에 머물며 마지막 준비를 한 한의사 국
가고시 날이 밝았다.

한 마디로 일생일대의 결전을 앞둔 것이다. 아침에 단체로 대
절해 놓은 버스를 타고 은평구에 있는 고사장으로 우리 학교 지
원자들은 전부 이동했다.

나는 큰 시험이라든가 신경 쓸 일이 있으면 예민한 성격 탓에
과민성대장증후가 발생을 한다. 이 날도 어김없이 그 증세가 날
조금씩 괴롭혔다. 뱃속이 편치 않았다. 물론 전날부터 음식을 조
심하고 아침은 아예 먹지도 않았다. 점심도 추위와 허기만 면할

정도로 빵조각만 작은 가방에 준비한 게 전부였다.

전과목을 테스트하는 시험이라 하루 종일 문제지를 앞에 놓고 보는 시험이었다. 가뜩이나 추운 겨울에 아침부터 날씨가 꾸물대더니 오후부터는 눈발이 휘날리기 시작했다. 왜 예전에는 모든 국가고시 때 그리도 추웠는지 모르겠다. 아무튼 초집중하여 무사히 시험을 마무리했다.

사방이 어둑어둑해져서야 마친 국가고시. 홀가분한 마음 반, 혹시 떨어지면 어쩌나 하는 불안함 반의 심정으로 교문을 나서 터벅터벅 내려오는데 교문 앞에서 친한 선배들이 기다리고 있었다.

"승헌이 시험 잘 봤나?"

"아, 뭐 일단 봤어요. 글씨는 잘. 하하!"

"어디 좀 가자."

나는 영문도 모른 채 납치당하듯 차에 실려 혜화동 어느 주점으로 가서 술을 마시기 시작했다. 그곳은 선배들이 정한 모임장소였다. 이때 준비한 케이크가 등장했다. 초에 불을 붙이고는 합격 기원을 해주는데 유독 장난기 많은 선배가 소원을 빌었다.

"다 붙고 우리 승헌이는 떨어지게 해주세요~~제발~"

이렇게 농담과 함께 우리는 6년 동안의 무지막지만 학업 커리큘럼을 버티고 유급도 아슬아슬하게 피해 여기까지 온 것을 자축하며 축하 파티를 벌였다. 혜화동에서 부어라마셔라 먹기 시작하여 새벽 3시가 넘을 때쯤까지 술자리가 이어졌다. 그사이 밖에는 눈이 엄청 쌓여 목발 짚은 내가 움직이기 힘드니 근처 여관이나 여인숙을 들어가려 했다. 하지만 모든 숙박시설이 꽉 차 있었다. 아마도 시험을 친 사람들이 눈도 오고 하니 그렇게 숙박시설을 이용한 듯했다.

어쩔 수 없이 그 추운 날 눈 쌓인 새벽에 우리 무리들은 택시 여러 대에 나눠 타고 숙대 부근 선배 자취방으로 가기로 한다. 눈이 쌓여 택시가 골목으로 들어갈 수 없었다. 큰길가에서 택시를 내려 걸으려는데 목발이 자꾸 미끄러져 온전히 서 있기도 힘들었다. 그러자 술에 취한 선후배 친구 모두 주변에 있던 연탄재를 내 앞길에 하나씩 깨서 뿌려주었다.

"이걸 밟고 와라."

이렇게 합심하여 우리 일행은 간신히 선배 집으로 가서 해뜨는 걸 보고 뻗었다. 그 뒤로도 나만 떨어지라고 빌던 그 친한 선배와는 너무도 많은 추억을 함께 했다.

어느덧 세월은 흘러 서로 결혼을 하고 아이들이 둘 정도 생겼을 때였다. 갑자기 들려오는 선배의 병환소식에 나는 큰 충격을 받았다. 창원에서 부모님 모시고 개원하여 잘 지내던 선배는 심지어 기독교 신자여서 담배도 안 피우는 사람인데 폐암 말기라는 거다. 나는 어디 깊은 산속에 들어가 맑은 공기 마시며 요양을 하고 있던 선배와 가까스로 통화가 되었다.

"형 잘 지내?"

"그럼 잘 지낸다 니는?"

"잘 살지. 형이 안 놀리니 좀 심심하네."

"지랄한다. 한번 내려가면 삼겹살에 소주 한 잔 하자."

꼭 건강해져 만나기로 굳은 약속을 했다.

하지만 이후 이런 저런 이유로 문병 한번 못 가보고 있었다. 다행스럽게도 선배 병세가 조금 호전되어 창원집으로 내려 왔다는 소식을 들으니 마음이 기뻤다. 곧 가서 얼굴 봐야지 하고 있었는데 오래지 않아 부고가 날아왔다. 소식을 듣고 서울에서 내려오는 친했던 후배들을 울산역에서 픽업해 장례식장으로 함께 갔다. 장례식장에 놓인 선배의 사진을 보는 순간 억장이 무너지는 듯했다.

"혀엉! 왜 이렇게 빨리 갔어? 왜? 으흐흐! 나 좀 보고 가지."

너무나 크게 밀려드는 그리움과 후회로 난 하염없는 눈물을 흘렸다. 한참 뒤 오열하는 나를 후배들이 다른 자리로 옮겨 주었다. 넋이 나가 멍하니 영정사진만 보고 있는데 천지를 모르고 장례식장을 뛰어 다니는 두 아들들이 더 가슴 아프게 했다. 상복 입은 형수의 그다지 어둡지 않은, 아니 오히려 미소가 옅게 배어나는 얼굴에서 난 너무도 허망함을 느껴야만 했다. 형수도 아직 냉혹한 현실을 잘 받아들이지 못하는 때문인 듯했다. 아니면 고통받는 남편이 이제 편안해졌다는 느낌 때문이었을까. 그때부터 내 머리에 든 생각은 이것이었다.

'있을 때 잘하자.'

'만날 수 있을 때 만나자.'

'나눌 수 있을 때 나누자.'

'날 아끼는 사람들을 소중히 여기자.'

그것의 실천이 바로 내 생일 파티다. 그 무렵만 되면 나의 소중한 지인들, 내가 바쁘거나 그들이 분주해 그간 못 만났던 아쉬움을 생일이란 핑계로 만나게 되는 것이다. 즉 아무리 바쁘고 힘들어도 생일이라면 넘어간다.

"형, 시간 있어요? 소주 한잔 해요."

"아, 그래? 해야지. 그런데 좀 바쁜데."

"내 생일인데 안 나온다고?"

"아 글라? 그라믄 나가야지. 이따 보재이."

이렇게 되는 것이었다. 그런 소중한 사람들이 여러 분야에 걸쳐 있으니 매일 만나도 또 못 본 사람이 있게 마련이다. 다 만나려면 한 달도 부족하다. 이런 걸 아는 친구나 선배들은 말한다.

"야, 이승헌이. 네가 무슨 김정일도 아니고 생일 파티를 그마이 오래 하노? 김정일도 그마이는 안 하더라. 하하하!"

소원해져 있던 사람들, 또는 나를 별로 안 좋게 보던 시선들도 생일파티에서 이런 이야기를 들으면 모두 파안대소를 한다.

요즘도 나는 눈이 많이 오면 한의사국가고시가 생각난다. 그리고 연탄재 깨주던 그 선배의 얼굴이 떠오른다. 죽기 전에 한번 봤더라면 이렇게 가슴이 아프진 않았을 텐데.

우리 삶이 긴 것 같아도 주어진 시간은 모두 짧다. 내일 지구의 멸망이 온다는 심정으로 주위를 챙기는 것이 후회 없는 삶이리라.

"우리들 앞에 놓여 있는 가장 중요한 문제는 다음과 같습니다. 우리는 올바르게 살고 있습니까? 우리가 삶이라고 부르는 이 짧은 시간에 우리는 우리를 세상에 보낸 힘의 의지에 순종하며 행동하고 있습니까? 우리는 올바르게 살고 있습니까?"

- 톨스토이

뭐야! 이사모가?

<u>나를 중심으로 모여서 즐거운 시간 보내는 사람들의</u>
<u>모임이 있다. 이른바 '이사모'다.</u>

다 짐작하겠지만 그 뜻은 '이승헌을 사랑하는 사람들의 모임'
이다.

하지만, 회원들은 그다지 이 모임을 인정하지 않으려 한다.
"이 사람들 모야?의 줄임말인가?"
"이상한 사람들의 모임 아냐?"
등등 우스개로 다른 거라고 주장하지만 결국은 나를 사랑하
는 사람들 맞다.

2017년 1월 어느 날 다리에 힘이 풀리는 바람에 욕실에서 넘어졌다. 그날따라 하필 왼쪽 무릎 정중앙으로 바닥 타일을 찍고 말았다. 새벽 한시인데 넘어진 순간 온몸의 전율이 이는 듯한 통증으로 싸늘한 기운마저 감돌았다. 50년 넘게 살아오면서 숱하게 넘어지고 일어나고 해서 이골이 나 있는 나였지만 이번만은 너무나 다른 느낌이 왔다. 다친 곳을 부여잡고 이를 악물고 몸을 추슬러 근근이 침대에 올라 놀란 가슴을 진정시켜본다. 하지만 시간이 갈수록 통증은 더 심해지며 무릎이 퉁퉁 부어올랐다. 화장실을 가려고 어렵게 움직여 보았지만 너무 힘이 들었다. 밤을 꼬박 새며 통증에 시달렸다. 아침에 아내가 잠에서 깨 화장실로 향할 때 나지막이 이를 악물고 외쳤다.

"자기야! 나 진통제 하나만 가져다줄래?"

놀란 아내는 자초지종을 듣더니 날 타박했다.

"그럼 날 깨우지?"

그렇게 아내가 가져다 준 진통제 한 알을 먹었지만 도통 통증이 줄어들 기미가 보이질 않는다. 얼추 학교 갈 애들이 깨도 될 때 쯤 나는 할 수 없이 말했다.

"나 119좀 불러줘. 도저히 안 될 것 같아."

그렇게 해서 달려온 구급차에 실려 가는 동안 의사로 있는 친한 동생에게 전화를 걸어 내 상태를 이야기했다. 내 말을 듣자마자 동생은 비번이지만 병원으로 나갈 테니 당장 지기 병원으로 오라는 것이 아닌가.

병원 검사 결과 아니나 다를까. 무릎 골절이었다. 뼈가 네 조각으로 부서진 것이다. 응급으로 수술을 하고 깨어났는데 너무너무 춥고 통증이 심해 이가 덜덜 떨리며 부딪칠 정도였다. 나는 연신 통증을 호소했다. 진통제도 센 걸로 놔달라고 하소연을 했다.

이 난리를 치르고 병원에 입원해 있는 동안 금세 소문이 돌았다. 참 많은 지인들의 위문 발길이 이어졌다. 간병인이 날 보고 정계에 있는 사람이냐고 물어볼 정도였다. 문병을 이렇게 많이 다양한 사람들이 찾아오는 건 처음 봤다고 했다.

이들이야말로 이사모라고 할 만했다. 그런데 웃기는 건 환자 누워 있는데 거의 매일 먹을 걸 사와서 자기들끼리 먹고 놀다 가는 게 아닌가. 어떤 친구는 써프라이즈 방문한다고 전화도 안 해보고 대구 경북대 병원에 가서 나를 찾다 없으니 아픈 내게 전화해서 물었다.

"형. 도대체 어디 있는 거야? 여기 이승헌 없대."

"경북대병원엔 왜 간 거냐?"

입원 후 내가 보낸 사진에 수술대기 전광판의 집도의 프로필이 있었다. 거기에 나오는 경북대 출신이라는 정보만 본 거다. 보려면 수술실 문에 커다랗게 'ㅇㅇㅇ병원'이라는 로고를 봤어야지. 무작정 옳거니 하고 간 것이란다. 내가 심하게 다쳤으니 울산에서 수술 받지 않고 더 잘 하는 곳으로 당연히 간 줄 알았다고 씩씩댔다. 공교롭게도 설 무렵이라 차도 엄청 막혀서 아침에 떠난 그들이 오후 5시쯤 되어서야 병원에 왔다. 병실을 지킬 동안 새로 문병 온 사람과 인사 나누고 말 트더니 이내 자기들끼리 통해서 웃고 떠들고 정작 아픈 난 안중에도 없었다. 먹을 걸 잔뜩 사오는 건 물론이고, 옆에서 정신없이 웃겨서 고통을 잊게 해주는 사람들도 많았다. 참 다방면의 사람들이 다양한 방법으로 나를 감동시켰다. 이러는 과정에서 따로 만나고 있었던 사람들이 자연스럽게 서로 알게 되고 모이게 되면서 더욱 그들끼리 친밀한 관계를 형성하는 계기가 되었던 것이다.

미용실 문도 닫고 와서 내 머리 깎아준 우련이는 우리 부부가 서로 배려하고 아껴주는 사랑의 모습에 반했다고 한다. 그 때문에 우리를 더욱 좋아하게 된 것이라고 아직도 회고하곤 한다.

"오빠는 언니 위해 다섯 시간 이상 혼자 그 고통 속에서 안 깨우고 버티나. 바보 같이. 언니도 오빠 안쓰러워서 발 동동 구르면서도 손님 찾아오면 울다가 웃다가 이게 뭐꼬. 이렇게 진심으로 남편 챙겨 주니까 사람들이 어찌 안 좋아할 수 있어?"

입원후 내가 휠체어를 타게 되니 누군가 수발을 들어줘야 했다. 아내가 간병인 모양새로 모임에 따라 다니다가 이제는 나보다 더 주목받는 주인공이 되어 버렸다. 이들이 소위 말하는 이사모인 거다.

이사모 사람들은 아버지가 갑자기 돌아가셨을 때 또 한 번 나를 놀라게 했다. 장례를 치르는 내내 여자들, 그중 우련이와 명주는 매일 아침부터 문상객들을 전부 접대하고 주방 일을 도맡아서 처리해주었다. 이 두 사람은 너무나 큰 힘이 되었다. 효숙이는 중국에 가는 비행기도 취소하고 같이 슬퍼해주었다. 지금은 자기 이름을 밑도 끝도 없이 분홍이로 불러 달라고 한다. 이상한 사람이 틀림 없는 듯하지만 나와 아내는 그 요상한 애를 좋아한다.

남자들은 직장도 휴가를 내고 쫓아와 손님들을 맞이하고 정리해주었다. 나에게는 영정 앞에 가만히 있으라고 했다가 조문객에게 인사드리러 오라는 등 이리저리 끌고 다니다가는 간간이 휴식도 제공해 주려고 밖으로 데리고 나가기도 했다. 특히 동진이와 규창이는 나를 그림자처럼 따라 다니며 시중을 들어주었다. 밤새 어디서 처박혀 자고 났는지 부스스하게 부은 얼굴로 아침에 출근하며 저녁때 또 오겠다던 동물병원 원장 명학이와 그 아내 성주까지 마음으로 울어주던 사람들이다. 이밖에도 멋진 웃음으로 편안함을 주는 건축사 동생 영호, 그 복잡한 세무일까지 세심하게 처리해주며 간병에 지쳐 있던 우리 부부를 바닷가로 바람 쐬게 불러내고 한우고기도 사주던 마음이 따뜻한 세무사 현일이 동생. 이들 모두 너무 사랑한다. 이 소중한 사람들은 발인까지 다 보고 슬픔에 빠져 정신없는 나를 안아주더니 그제야 자리를 하나 둘씩 떴다. 멀리서 오지 못한 안타까움에 발을 동동 굴렀던 슬로바키아의 조원 막내도 있었다.

이게 끝이 아니라는 듯 6개월도 지나지 않아 어머니까지 돌아가셨다. 난 미안해서 주변에 말도 못 꺼냈다. 이번엔 제발 오지 말고 각자들 일에 충실하라고 했다. 그런데 이사모라면서 진짜

내 말을 아무도 안 들었다. 다시 모두 한 팀처럼 일사불란하게 움직여 또 한 번 큰 슬픔을 나눠 가졌다.

물론 이사모 외에도 다른 모임의 회원들, 약손봉사회가족들, 개인적인 친분을 가진 지인들 모두 진심으로 고마운 사람들이다. 그들은 대단한 열정으로 나를 일어서게 했다. 힘들고 지칠 때, 기쁘고 행복한 일이 있을 때도 어김없이 나타나는 인연들과 과분하게 주어지는 사랑. 난 이런 인연에 놀라지 않을 수가 없다. 사람이 이 세상에 오면 잘 살아야 하는 이유가 바로 소중한 인연 때문이라는 걸 다시금 배운다. 난 그들에게 어떻게 봉사하고 은혜를 갚아야 하나.

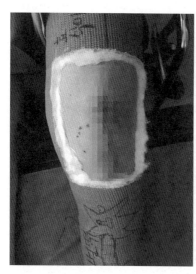
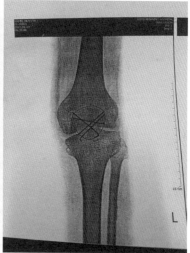

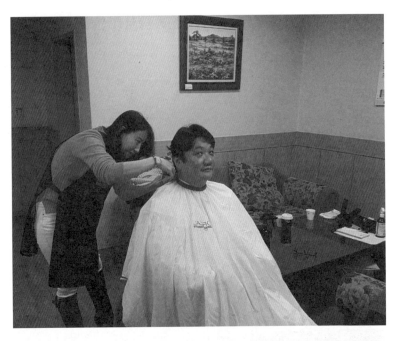

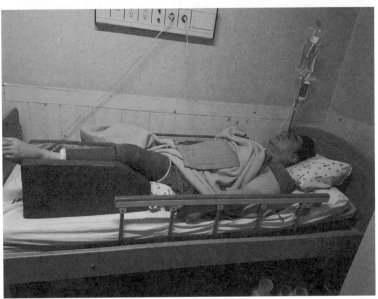

소통의 달인 한의사

과거에 병원에 진료를 받으러 가보면 의사들이 무뚝뚝하거나 불친절한 경우가 상당히 많았다.

게다가 환자의 나이가 많건 적건 반말을 한다는 것이 사회 문제가 된 적도 있었다. 환자는 약자이고 의사는 강자라는 생각을 하기 때문일까? 아니면 의사가 갑이고 환자가 을인 걸까?

물론 요즘은 그런 갑질이 다 없어졌다고 해도 과언이 아니다. 사회에 서비스 개념이 자리를 잡아 그런 것 같다. 과거에는 공무원이나 관공서도 불친절하기 짝이 없었다. 모두 소통이 되지 않는 이유 때문이고 권위주의의 소산이다.

명의일수록 소통의 달인이다. 상대방의 이야기를 잘 듣고 그들의 아픈 곳을 딱 집어 긁어준다. 모두 그런 것은 아니지만 대개 한의사들도 소통의 달인인 경우가 많다. 나 역시도 환자들을 만나면 이야기를 들어주고, 어디가 아픈지를 정확하게 파악하기 위해서 세심하게 그들의 말에 귀 기울인다. 그것은 내가 개인적으로 인격자여서가 아니라 한의학에 문진(聞診)이라는 것이 있기 때문이다. 문진은 환자가 왔을 때 당사자나 가족들과 대화를 나누어서 질병을 파악하는 것이다. 대화 속에서 환자가 어떻게 살아왔으며 어떤 환경이고 무엇을 좋아하는지를 파악한다. 그리고 자각증상과 질병의 상태 및 경과를 알 수 있다. 어찌 보면 가장 중요한 진찰법이라 할 수 있다.

물론 대화라는 것은 언어를 사용해 하는 것이기 때문에 언어 장애가 있다거나 어린아이나 노인, 혹은 정신적인 문제가 있는 사람과는 소통이 매우 어렵긴 하다. 그렇지 않다면 내가 묻지 않아도 환자들은 고통스럽기 때문에 자기가 할 이야기들을 다 털어 놓는다. 물론 그 말들은 주관적이고 두서가 없기 때문에 간혹 차근차근 질문을 하여 정리하기도 한다. 왜냐하면 문진의 주체가 환자가 아니라 의사이기 때문이다. 환자의 고통과 아픔을 잘 듣고 알아야 올바른 처방을 할 수 있다. 공자도 다음과 같이 말했다.

군자는 말을 잘하는 사람의 말에만 귀를 기울이지 않고 말이 서툰 사람의 말도 귀담아 듣는다.

현대 경영학에서도 소통의 중요성을 진작에 알고 있었다. 피터 드러커도 다음과 같이 말했다.

의사소통에서 제일 중요한 것은 상대방이 말하지 않는 소리를 듣는 것이다.

소통이 없으면 고통이 따른다고 했다. 잘 듣고 문제가 무엇인지를 파악해야 올바른 해결책을 얻을 수 있다. 나도 환자들이 오면 어디가 아픈지, 어떻게 아픈지를 자세히 들어 본다. 문진을 하게 되면 환자들은 고통을 없애고 싶기 때문에 자기의 증세와 통증을 대개 숨김없이 다 털어 놓는다. 물론 주관적인 진술이기 때문에 간혹 질문을 하여 정리하기도 한다. 왜냐하면 문진의 주체는 환자가 아니라 의사이기 때문이다. 들으면서도 요점을 잘 정리해야 한다.

충분히 문진이 끝나면 환자의 병력을 또 들어 보아야 한다. 과거 건강에 대한 역사이다. 여성일 경우에는 출산부터 지금까지의 질환들을 묻는다. 순산인지 난산인지도 중요하다. 올바른 진단의 좋은 정보가 될 수 있다. 남자의 경우도 과거의 질환이나 외상, 혹은 결핵, 전염병 등의 병력을 알아야만 올바른 진단을 내리기 용이하다. 회사로 치면 직원의 능력을 인사카드를 통해서 확인하는 것과 똑같다. 과거 어떤 프로젝트를 어떻게 수행했는지를 알아내야 그 사람에게 적당한 미션을 줄 수 있다.

그리고 가족의 병력(病歷)을 묻는 것도 중요하다. 환자들은 혼자 하늘에서 뚝 떨어진 것이 아니다. 부모의 만남과 사랑으로 태어난 존재이기 때문에 그 유전자에 의한 발병요인을 띠고 있다. 가족내의 질병이나 고인이 된 분들의 사인 등을 물어보면 보다 나은 진단을 할 수 있다.

　　정보를 많이 갖는다는 것은 그만큼 그 사람을 잘 아는 것이다. 아는 만큼 보인다고 했다. 우리가 젊어서 연애를 할 때 보면 상대방에 대해 호구조사를 하는 경우가 있다. 그것은 바로 많이 알아야 소통할 수 있고 공감대를 형성할 수 있기 때문이다.

　　현대 사회는 복잡해지고 다단해진 만큼 새로운 소통방식도 계속 생겨나고 있다. 과거의 소통방식을 벗어나 각종 SNS나 인터넷, 온라인 소통을 하고 있다. 이러한 소통의 장점은 동시에 많은 관계를 맺을 수 있다는 것이다. 페이스북의 경우 5000명까지를 친구로 관계 맺을 수 있다. 그렇다보니 직접적인 소통으로 얼굴과 얼굴을 맞대고 대화를 나누며 이해하고 경험을 공유하는 일은 거의 불가능하다. 환자 한 사람이 나를 찾아온다는 것은 한 사람의 역사가 오는 것이다. 그 역사를 잘 해석하고 존중할 때 비로소 병을 고칠 수 있다.

　　물론 환자의 병을 고치면서 내 안에 새로운 역사가 쌓인다. 소통은 어느 한쪽만 일방적으로 유리하게 좋은 것이 아니다. 양쪽에서 서로 관계와 관계 속에서 대화를 나누고 발전해 나가면서 친밀감을 형성하게 된다. 한의사에게 치료라는 것은 대화에서 시작해 근원까지 파고드는 것이다. 증상만을 고쳐 주는 양의와는 다른 점이라 하겠다.

고달픈 현대사회에서 몸이 안 좋고 마음이 우울하다면 가까운 한의원을 부담 없이 방문하기 바란다. 상담자가 필요하고 들어줄 사람이 필요하다면 더더욱 권하고 싶다. 그곳에는 당신의 이야기를 들어 줄 자애로운 한의사가 기다리고 있을 것이다.

병원비? 걱정할 필요 없다. 자부담비 9000원만 내면 되기 때문이다. 물론 65세 이상은 1600원이면 된다. 몸의 병은 마음을 고쳐야 치유가 된다. 마음의 병은 누군가가 나의 이야기를 들어 줄 때 비로소 낫는 법이다.

3장

꿈이 자라는 노력이라는 토양

이것은 승낙이 아니네

"저희 어머님께 보약 좀 지어 드리려고 하는데 무조건 반대하세요."

나를 찾아온 효성심 깊은 아들이 말했다.

"왜 반대 하시죠?"

"돈도 잘 못 벌면서 엄마 보약이나 짓느냐고. 필요 없다면서 죽어도 한의원에 안 오신대요."

"모든 부모는 자식들이 뭘 해드린다 그러면 마음이 안타까워서 그런 겁니다. 한번 모시고 오세요."

아들이 알았다고 병원을 나서는 걸 보면서 나는 나의 결혼이 떠올랐다. 처가 부모의 반대가 극심했던 결혼. 그 대상자는 같은 한방병원에서 일하는 광주 출신 한약사 아가씨. 밝고 명랑한 성격을 가진 규수였다. 나에게도 호감이 있는 것 같았다. 자연스럽게 우리는 조금씩 친해지면서 각자의 취향도 알게 되었다.

어느 날 내게 치료를 받고 있던 여중생이 바나나맛 우유를 내밀며 나에게 말했다.

"선생님, 한약사님이 어떻게 선생님이 좋아하는 걸 알 수 있어요?"

"뭐라고?"

"아니, 선생님 드리려고 음료수 고르는데 옆에서 한약사님이 내과 이승헌 과장님은 바나나맛 우유를 좋아하신대요. 어떻게 알죠? 두 분 사귀죠?"

중학생다운 직관의 발랄함으로 훅 들어왔다. 그러고 보니 나와 한약사와 사귀는 것인가라는 생각이 문득 들었다. 그렇게 자연스럽게 우리는 차도 마시고 밥도 먹는 좋은 관계가 되었다. 그 뒤로 몇 번 만났다.

하지만 나도 나의 처지를 알기에 무모하게 호감을 드러내지는 않았다. 그동안 몇 번의 교제가 있었지만 주변 시선을 이기지 못하겠다고 떠나가는 여자들도 많았기 때문이다. 프러포즈하려다 거절당한 적도 있었다. 물론 그로 인해 상처를 입고 독한 마음을 먹으며 간신히 추스르기도 했다. 그래서 그때 이후 나의 마음속에는 나의 조건이나 나의 장애나 그 무엇을 보고 결정하는 결혼이라면 싫다고 생각하고 있던 차였다.

중복 날 어머니가 전화로 넌지시 물어왔다.

"삼계탕 먹으러 올래?"

"네, 어머니. 갈게요."

"한약사도 좀 같이 올 수 있나 물어봐."

나는 한약사에게 물어보았다.

"우리 어머니가 삼계탕 끓였다는데 먹으러 갈래요?"

"어머, 저 삼계탕 좋아해요."

그래서 어머니에게 다시 전화하며 나는 신신당부했다.

"어머니. 절대 오버하지 마세요. 그냥 같은 병원에 있는 한약사랑 밥 먹으러 우연히 간 거니까 그거 이상도 아니고 이하도 아니에요."

"알았다. 알았다."

그렇게 해서 한약사를 데리고 집에 가자. 어머니와 형수가 큰 손님 맞듯이 준비한 티가 팍팍 났다.

"많이 먹어요. 집처럼 편하게. 타지인데 집밥도 그리웠을 거예요."

어머니는 한약사가 초면에 마음에 든 거다.

며칠 후 어머니에게서 다시 연락이 와서 어느 식당으로 한약사를 데리고 오라는 것이 아닌가. 그냥 점심이나 같이 먹자는 건가 싶어 데리고 갔더니 난 차에서 내리지도 못하게 하고 말했다.

"너는 집에 가 있어라."

"네? 나 밥은요?"

"그냥 네가 알아서 먹어."

이러더니 한약사를 데리고 식당으로 사라졌다. 그런 일이 있은 뒤 우리 둘은 관계가 깊어졌고 사귀는 사이가 되었다. 어느 정도 시간이 흘러 결혼을 고민할 때쯤 되자 한약사는 나에게 말했다.

"광주에 가서 내가 부모님께 말할게요. 내가 좋다고 그러면 우리 엄마 아빠는 다 허락할 거예요."

나는 그 말을 믿었다. 어차피 우리의 결혼은 여자가 결정권을 가지고 있는 것이었다. 그 결정권이 나에게는 없었기 때문이다. 다른 사람들처럼 무릎 꿇고 앉아서 딸을 달라고 떼를 쓸 처지도 아니지 않나 말이다.

하지만 몇 달이 지나도 한약사의 부모로부터는 감감무소식 이었다. 알고 보니 반대를 계속 하고 있었는데 마음 여린 한약사 는 내게 차마 그런 사정을 이야기 못하고 있었던 것이다. 나는 차를 몰고 울산에서 광주까지 데이트 겸해서 한약사와 함께 찾아갔다. 한약사는 집에 내려주고 나 혼자 근처의 대학교 앞 주차장 쓰레기통 옆에 차를 대놓고 있었다. 한약사는 들어가서 몇 시간이고 부모님과 이야기를 하고 있는 듯 했는데 쉬 나오질 않는 것이었다. 꼼짝 못 하고 나는 언제 어떤 일이 벌어질지 몰라 대기하고만 있었다. 그때 핸드폰 벨이 울렸다. 한약사였다.

"아빠가 잠깐 만나재."

아파트로 가서 주차를 하고 마침 밖에 나온 한약사의 아버지에게 인사를 한 뒤 근처의 카페로 목발을 짚고 걸어갔다. 가는 도중 잠깐씩 발걸음을 멈춰 날 살피더니 카페에 앉아서는 거절의 뜻을 밝혔다.

"도저히 안 되겠네."

그대로 물러날 수는 없었다. 설득을 해봐야 한다.

"저는 이미 어려서 겪을 고난 다 겪어서 더 이상 걱정하시는 일은 없을 겁니다."

실제로 나는 나의 불행이 워낙 커서 나의 주변에서 더 이상의 불행을 겪지 않을 거라 여겼다. 불행 총량의 법칙이랄까.

"자네 말이 다 맞네. 하지만 도저히 우리 딸을 자네한테 보낼 수는 없네."

그럴 줄 알았다. 나는 이해는 했다. 하지만 화도 났다.

"알겠습니다. 제가 딸이 있어도 저 같은 사람에게 시집보내기는 쉽지 않을 겁니다."

일단 이야기를 마치고 단념한 마음으로 일어서려 했다. 그런데 잠시 나를 제지하는 것이었다.

"잠깐만 기다려 보게."

한약사의 아버지는 집에 있는 어머니에게 전화를 걸었다. 멀리 온 내가 몇 시간씩 기다렸다가 허무하게 돌아가게 두는 것이 미안했던 것이다. 그러자 어머니가 급히 나오셨다. 멀리서 온 사람인데 밥은 먹여 보내야 될 것 아니냐고 말했다.

"밥은 먹고 가게."

그렇게 식당으로 다 같이 가서 식사를 하는데 여전히 거리를 두며 말했다.

"이것은 허락의 뜻이 아니네. 멀리서 온 손님에 대한 예의일세."

"네."

하지만 이미 상처 입은 마음은 미어지고 있었다. 내색하지 않으려 안간힘을 쓰면서 목구멍으로 잘 넘어가지도 않는 밥을 억지로 먹었다.

"맛있게 잘 먹었습니다"

"안녕히 계십시오."

식사를 마치고 차를 몰아 돌아오려 하자 아버지가 거절했는데도 같이 갔던 한약사가 문을 열고 내 옆으로 냉큼 올라탔다. 나는 묘한 감정들이 들어 애써 삭히느라 엑셀을 급하게 밟아 그 자리를 떠났다.

그렇지만 그대로 인연이 끝난 건 아니었다. 한약사를 데려가려고 아버지가 울산으로 왔을 때는 동료 여성 한의사가 잘 달래서 돌려보내기도 했다. 나는 진심어린 편지를 정성껏 써서 몇 번이고 보내기도 했다. 그러다 우리 부모님도 한번 찾아가 대화를 나눈 적도 있다. 지금 생각하면 우리 두 사람 굳건한 사랑의 철옹성에 금이 가는 일들이 계속 벌어진 것이었다.

그러던 어느 날 광주로 한 번 오라는 부름이 있었다. 찾아가보니 가톨릭 신부님을 한번 만나보라고 부모님이 나를 성당으로 이끌었다. 신부님과 이러저런 이야기를 진솔하게 나누고 나자 돌아오는 차 안에서 아버님의 표정이 많이 온화해진 걸 느낄 수 있었다.

"신부님이 자네는 참 따뜻한 사람이라네."

그것이 승낙이었다. 그렇게 우여곡절과 거센 반대를 무릅쓴 끝에 아내와 나는 결혼을 하였다. 우리 집은 큰 불상을 두 분이나 모실 정도로 독실한 불교 집안이고, 아내는 유리안나라는 세례명에서 알 수 있듯이 천주교 집안이었지만 그것이 우리 결혼에 장애가 될 수는 없었다.

그동안 오고가면서 나의 성격과 인품을 본 장인 장모님이 이렇게 말했다.

"자네가 싫어서 반대했던 건 아니었네. 이해하게."

반대 끝에 그녀와 나는 마침내 화목한 가정을 이루게 되었다.

좋고 멋진 일은 항상 저항이 있기 마련이다. 호사다마(好事多魔)라고 하지 않았던가. 몸에서도 좋은 한약재 다 들어가면 명현현상(瞑眩現像)이 일어난다. 거부하는 것이다. 일이 잘 되려면 항상 거부하는 것과 저항하는 반대가 있다. 난관이라고도 하고 고난이라고도 한다. 이걸 이겨내지 못하면 영광의 순간은 없는 법이다. 이 시대의 젊은이들에게도 해주고 싶은 말은 이것이다. 힘들고 어려운 일이 있지만 누군가는 그 난관을 뚫고 헤쳐 나간다고.

어머니 보약을 해주겠다는 효심 깊은 아들은 며칠 뒤 어머니를 다시 모시고 왔다.

"아이고, 선상님, 돈도 없는 계약직 근무하는 놈이 나에게 보약을 해 준대요. 그러니까 내가 반대를 하지요."

나는 내원한 어머니에게 말했다.

"어머니. 아들은 어머니한테 보약이라도 해드려야 그동안 속 썩이고 불효했던 거 갚을 게 아닙니까? 아들이 저렇게 하고 싶은데 보약이라도 한 재 받으시면 아들 마음이 편할 거 아니에요. 아들 생각한다면 그러라고 하세요."

"아이고 선상님. 그 생각을 못 했네요."

어머니는 아들의 정성을 받았다. 아들도 어머니의 반대를 접게 해준 나를 보며 엄지손가락을 세워 보였다. 힘들고 어려운 일을 이겨내면 찬란한 영광의 순간이 있는 법이다.

나는 길을 뚫어야 한다.

"학생. 지팡이 혹시 놓고도 걸을 수 있나?"

청천벽력 같은 질문이었다. 나는 교수님의 눈을 겁에 질려 살펴보았다. 면접관으로 온 교수님은 어떻게든 나의 흠을 잡으려고 하는 것만 같았다. 여기서 밀리면 나의 꿈은 사라지는 것이다.

"거, 걸을 수 있습니다."

목발을 놓고 나는 걷기 시작했다. 한 발 한 발 천천히 움직였다. 중심만 잘 잡으면 몇 미터 정도 걷는 데는 큰 어려움은 없었다. 다리는 이미 추위로 얼어붙어 감각이 없었지만 나는 필사적으로 걸음을 옮겼다. 그러자 교수님은 고개를 끄덕였다.

"그러면 물건도 옮길 수 있나?"

"가, 가능합니다."

그가 가리키는 것은 옆에 있는 학장이나 쓸 만한 크고 무거운 의자였다. 나는 목발 하나만 짚은 채 그 무거운 의자를 들어서 옆으로 옮겼다. 팔이 부들부들 떨렸지만 지탱하는 목발이 잘 버텨주었다. 중심을 잡고 균형을 잡는 것이 오히려 더 어려운 문제였다.

"수고했어요."

어려서부터 나의 꿈은 한의사였다. 다른 것은 한 번도 생각해 본 적이 없다. 그 꿈을 향해 끝없이 달려 온 것이다. 그 길 말고 다른 것은 생각해보지 않았다. 한의사가 꼭 되어야만 했다. 내가 할 수 있는 건 이것뿐이라고 여겼던 것이다. 그랬던 내가 1차 시험에서 한의대에 떨어지고 말았으니 죽을 것만 같았다. 처음으로 경험하는 좌절이었다. 그런 나에게 부모님은 아픈 마음 억누르고 위로를 하셨다.

"승헌아! 이차도 있고 재수할 수도 있으니까, 아직은 좌절하지 마라."

나는 다음 날부터 독서실을 다니며 한 달 정도 남은 2차 시험 준비를 독하게 했다. 이미 합격해서 신나게 놀러 다니는 녀석들을 보고 있으려니 속이 답답하기도 했다. 짜증이 나서 독서실을 벗어나 하루 종일 영화를 본 날도 있었다. 그렇게 해서 후기 시험을 보고 나서 면접을 봤는데 엉뚱하게 걸어보라느니 물건을 들어보라느니 하는 주문들을 하는 것이었다.

나는 면접에 최선을 다했다. 다 끝난 줄 알았는데 갑자기 면접관이 나에게 다시 말을 걸었다.

"자네 화장실은 어떻게 해결하나?"

이런 질문까지 받을 줄은 미처 몰랐다.

"저 혼자 해결할 수 있습니다."

"어떻게 지금 보여줄 수 있나?"

"어디서요?"

"화장실 안내해 줄게."

나는 면접관을 따라서 복도를 지나 화장실로 향했다. 밖에서 나를 기다리고 있던 엄마는 당황해서 물었다.

"어디 가니?"

"아니야, 아무것도."

엄마의 걱정스러운 시선을 느끼면서 나는 좌변기가 없는 화장실에 가서 문을 열고 지팡이 하나를 옆으로 기울여 의지할 것을 만든 다음에 한쪽으로는 몸을 지탱하는 기둥으로 사용하여 쪼그리고 앉았다. 그걸 본 감독관이 고개를 끄덕였다. 내가 화장실 사용하는데 문제가 없다는 걸 알았기 때문이다. 면접실로 돌아오자 면접관은 말했다.

"자네 하나 때문에 좌변기를 만들어 줄 수가 없어서 그러네. 이해하게."

"아, 네에."

당연히 이해한다는 듯이 나는 고개를 끄덕였다. 북받치는 설움을 억누르면서 밖에서 기다리던 어머니를 만났다. 어머니는 모든 걸 아는 눈치였다. 아들인 내가 화장실을 사용하지 못한다고 떨어뜨릴까 봐 노심초사하는 표정 그것이었다. 창밖엔 눈이 엄청나게 퍼붓고 있었다. 그건 상처받은 내 마음을 치료해 주는 하늘의 선물 같았다. 아버지의 차가 오기를 기다리며 창밖을 내다보고 서 있는데 소리 없는 눈물이 하염없이 흐르기 시작했다. 어머니는 보지 못했을 것이다. 아니 어쩌면 못 본 척했을 수도 있다.

그때 나는 결심했다.

'두고 보자. 내가 한의사가 되면 너는 반드시 죽인다.'

어린 소견으로 나는 면접관이 나에게 준 질문과 면접이 모욕이라고 생각했다. 지금 생각하면 그것은 면접관이 준 것이 아니라 사회가 주는 모욕이었다. 장애인은 대학을 다닐 수 없을 것이라는 편견. 그리고 장애인 학생을 위해 준비해야 할 배려가 아니라 장애인 학생을 받음으로써 자신들이 겪어야 될 불편함과 비용 등을 먼저 생각한 거다. 우수한 인재를 뽑는 것이 아니라 자신들의 입맛에 맞는 사람을 뽑으려는 것이었다. 지금 생각하면 그럴 수도 있겠다 생각이 들지만 그때는 미칠 것만 같았다.

아무튼 그렇게 해서 그 학교와의 악연은 이어지질 못했고 일 년의 재수 끝에 나는 다른 한의과대학에 합격을 해서 한의사가 됐다. 지금 돌이켜보니 그 면접관의 입장은 그럴 수 있겠다는 생각이 든다. 내가 미워해야 할 대상은 개인이 아니라 면접관으로 대표되는 이 사회의 편견과 차별이었다.

이제 장애인 후배들이 대학교는 어렵지 않게 들어갈 수 있다. 당연히 편의시설도 의무적으로 갖추게 되어 있다. 하지만 여전히 장애를 가진 한의사나 약사, 의사는 많지 않다. 전문직으로 올라갈수록 장애인들의 진입 장벽은 높기만 하다. 그런 장벽을 넘어 내가 한의사가 된 것은 단순히 나 개인의 능력 때문은 아니라고 생각한다. 그런 어려움을 겪고 왔기 때문에 비슷한 상황으로 꿈을 이루지 못하는 장애인 후배들과 젊은이들, 그리고 사람들에게 용기와 희망을 줄 수 있는 존재가 되어야 한다. 내가 받은 행운은 누군가의 불운일 수도 있기 때문이다. 행운을 당연하게 여기면 안 된다. 배려가 이어지면 권리인 줄 안다. 과거에도 소년등과(少年登科)가 제일 위험하다고 하지 않았던가. 초반에 지나친 행운을 겪으면 후반의 삶이 괴로워진다. 그런 행운이 계속 이루어지리라 믿기 때문이다.

나는 늘 겸허한 마음으로 환자를 보며 세상을 본다. 일단은 내가 행복하게 살아야 하지만. 나의 행복을 통해서 세상에 기여하고 싶다. 사람은 누구나 소명을 가지고 이 땅에 태어났다. 그 소명을 찾아야 한다. 이런 고통을 겪었기 때문에 나는 그 고통을 이겨내는 것이다. 어쩌면 삶이라는 것 자체가 또 다른 세계로 넘어가는 관문일 수 있다. 사는 것이 굴욕이고 장애물경기일지도 모른다. 하지만 관문은 넘어가게 되어 있고, 굴욕과 모욕은 이겨내게 되어 있다. 관문이 주저앉으면 나의 갈 길은 막힌다.

참을성이 적은 사람은 그만큼 인생을 살아감에 있어서 약하다. 한 줄기의 샘이 굳은 땅을 뚫고 솟아 나오듯 인내심이 마침내 광명을 얻게 한다. 하나의 어려운 일을 참고 극복하면, 강한 힘을 갖게 된다. 고난과 장애물은 언제나 새로운 힘의 근원이다. 그러므로 고난과 장애물 앞에서 결코 낙담하지 말자. 오히려 그것을 딛고 일어서서 더 멀리 바라보자. 그것을 발판으로 하여 더 멀리 뛰자.

- 러셀

지금도 힘들고 어려운 일이 있을 때면 나는 나를 가로막았던 관문을 돌파했던 그 시절이 생각난다. 나 같은 사람이 돌파했기에 지금은 모든 대학에 장애인편의시설이 자리를 잡았다. 오히려 장애인학습지원센터가 대학마다 생기지 않았던가. 나는 언젠가 올 내 뒷사람의 인생 선배다. 그들을 위해 길을 뚫어야 한다.

한약재 대량생산의 어려움

아는 동생이 자신의 증세를 좋게 해 줬다고 밥을 산다고 했다.

함께 식사를 하는데 그가 눈을 반짝이며 물었다.

"형님. 형님은 재벌이 될 수 있어요. 이번에 형님이 조제하신 보약을 먹어 보니까 몸이 완전히 달라졌어요. 무슨 성분을 넣으셨는지 몰라. 마약이라도 넣으셨나? 하하."

"그래? 처방에 마약을 넣었지."

"형님. 나랑 돈 좀 법시다. 그 비방으로 우리 회사 하나 차립시다. 대량으로 제조해서 팔면 우리 금방 부자 되겠어요. 지금 온 국민이 환경도 나빠지고 코로나 같은 바이러스가 창궐하고 건강도 안 좋아지는데 그거 찍어서 생산하는 거지. 형님, 힘들여 한의원 하지 않아도 되고……. 우리 금방 돈 벌고 부자 되는 거 아니야? 형님. 자고로 돈 벌려면 물장수를 해야 돼."

"하하하!"

나는 웃고 말았다.

"그 생각을 내가 왜 안 해? 내가 안 하는 건 다 이유가 있어."

시중에 쏟아져 나오는 수없이 많은 건강식품과 보조식품 팩에 담겨 있는 인삼, 홍삼, 각종 헛개나무, 흑염소 등등의 보조식품 성분들을 살펴보면서 나는 어이가 없었다.

동생에게 나는 다시 물었다.

"동생에게 준 그 좋은 한약을 만들려면 한약재가 얼마나 드는지 알아?"

"한약재요?"

"그럼. 동생이 먹는다고 해서 최고의 한약재를 약탕기에 때려 넣고 몇 시간을 달여서 겨우 나오는 용량이 고작 숟가락으로 하나야. 그런데 수백 수천 명에게 그 보약을 만들어서 대중적으로 판매하려면 이 나라에 있는 모든 약초를 다 넣어도 모자랄 걸."

"그러면 어떻게 시중에 나와 있는 제품들은 만든 거야?"

"상상해 봐. 그 제품들을 어떻게 만들었겠어?"

"싼 재료를 썼겠죠? 우리나라에서 재료가 모자라면 중국에서 수입하겠네."

"잘 아네. 나보고 중국에서 질 나쁜 싼 재료 수입해서 물 타서 열심히 팔아먹으라는 거 아니야?"

동생은 더 이상 말을 못 했다. 한약을 대중화하는 꿈은 수없이 많은 사람들이 꾸었고, 지금도 실천하고 있다고 말들을 한다.

그러자 동생이 다시 물었다.

"형님. 그래도 시중에 나와 있는 거 인삼액이라든가 홍삼액 먹으면 기운이 좀 나요."

"어허, 이 사람. 그게 인삼 성분으로 기운이 나는 게 아니야."

인삼 성분과 홍삼 성분으로 즉시 기운이 난다는 것은 플라시보 효과일 뿐이다. 피곤하고 힘들 때 설탕물만 먹어도 당이 보충되어 힘이 나는 법이다. 만약에 한약공장을 내가 만든다면 기존 업체와 다른 방식으로 할 수가 없다. 대량생산을 하려면 얘기가 달라지기 때문이다.

인삼은 혈압을 높이기도 하고 경우에 따라 낮추기도 한다. 의사에 따라 다르고 환자의 체질에 따라 다르며 양에 따라 다르다. 한마디로 환자에게 정밀하게 맞춰야만 하는 것이다. 음양오행을 꿰고 있어야만 처방을 정확하게 할 수 있는데 모든 사람이 먹고 모든 사람에게 이로운 한약을 만들어서 대량 공급한다는 것은 참으로 어렵고 거의 불가능하다. 어디 그뿐인가. 약이라는 것은 1g 차이로 효능이 달라진다. 조금만 바뀌어도 민감하기 때문이다. 약재도 다 같은 것이 아니다. 조금씩 다르다. 국산인지 중국산인지, 건조한 상태가 어떤지, 어느 부위를 썼는지에 따라 효과가 천차만별로 달라지기도 한다.

그래서 나는 다음과 같은 칼럼을 쓴 적도 있다.

국민건강에 관한 광고는 정확하고 준엄한 기준이 있어야

가끔 아무 생각 없이 식품 의약품 광고를 접하다 깜짝깜짝 놀랄 때가 있다. 어쩜 저리도 짧은 시간에 많은 내용을 함축하는 이미지와 상상 속에나 있을 법한 CG등의 방법을 이용해 표현할 수 있을까. 기발한 아이디어로 똘똘 뭉친 광고 문구 하나하나에 감탄사가 절로 나오곤 한다. 즉시 효과! 한방에 쏵! 문득 머리를 한 대 얻어맞은 듯한 느낌이 들기도 한다 .

'진짜 저렇게 될까? 과장이 이래도 되는 건가?'

우리 인체의 건강과 직결되는 제품들인데 너무 무책임하다. 일단 시청자 즉, 소비자의 눈길과 관심만 끌면 그만이라는 식의 광고가 너무 많다.

이러한 과장광고를 믿고 복용하다보면, 실질적으로는 오히려 건강에 해가 되는 경우가 있다. 예를 들어 탄산음료는 특유의 청량감과 달콤한 맛으로 식욕을 자극하지만 칼슘 흡수를 방해하고 비만, 혈압상승 등을 유발할 수 있다. 수험생들이 즐겨 마시는 에너지음료 역시 다량의 카페인 함유로 부작용들이 있다. 에너지바 종류는 단백질을 보충하고 몸에 좋은 견과류를 먹을 수 있다는 점을 강조하고 있지만 성분표를 자세히 살펴보면 설탕이나 인공감미료 함유량도 만만치 않다는 걸 알 수가 있다. 아침을 먹기 싫어하는 아이에게 매일 아침 건강보조음료를 준다거나, 밤늦게 공부하는 수험생의 책상 위에 과일주스를 놓아주는 광고 장면도 있다. 과일에 들어있는 건강한 영양성분은 소량이고 대부분은 설탕이 주를 이루는 음료이다. 또 '무설탕'이라고 쓰여 있는 음료 상당수는 액상과당이 들어 있다. 액상과당은 우리 몸에 미치는 영향에 있어 설탕과 별반 차이가 없는 것이다.

우리 소비자들이 좀 더 현명해지고 꼼꼼히 따지고 잘 판단을 해야 할 것이다.

한 가지 치료제가 나오기까지는 엄청난 노력과 시간, 그리고 비용이 투여된다. 게다가 다양한 임상실험을 거쳐서 효과가 입증되고, 거기에 반하는 부작용까지도 정리가 되어야 한다. 그 뒤에도 그 약물 하나를 처방하려면 환자 개개인의 특성과 질환의 특이성을 고려한 뒤에 어렵게 투여한다. 이렇게 생리학적, 약리학적, 병리학적 기전과 인체의 병태생리기능까지 고려한 처방으로도 그 효과가 미미한 경우가 많다.

광고에 나오는 제품은 하나같이 그것 하나면 만병통치일 것 같다. 환상적인 치료효과가 있을 것 같은 착각과 혼돈을 일으키게 만든다. 그 광고의 화면과 사진 그대로, 그 광고의 문구와 표현 그대로가 진실이라면 어느 것 하나 노벨의학상 감이 아닌 것이 없질 않은가 말이다.

어떤 질환이나 이상으로 고통 받는 환자나 그 가족들은 병을 치료하기 위하여 정말 어려운 치료과정을 힘겹게 견디고 있다. 이 악물고 버티며 이겨내려고 모든 노력을 기울여 회복을 간절히 바라며 살아간다. 그런 이들이 이런 광고를 보고 쉽사리 유혹에 빠지는 건 당연하다. 치료제가 아니고 효과가 입증된 것도 아닌데, 혹시나 하는 생각과 광고처럼 나도 될까 싶어지게 만든다. 그런데 나중에 아무 효과가 없을 때 느낄 그 실망감과 상실감은 겪어보지 않은 사람은 모른다. 제발 국민의 건강을 대할 때만은 신중하고 엄중히 판단하여 광고나 홍보를 실행했으면 한다.

투약이나 회복, 그리고 건강은 정말 복잡미묘한 거다. 절대로 단순하지가 않다. 그래서 에피소드도 많다. 한방병원에 있을 때 처방전을 써서 내려 보내면 이상하게 환자들이 약을 복용하고 와서 효험이 없다고 말하는 것이다.

"과장님. 병이 낫지 않아요."

"그럴 리가 없는데요."

약제실에 물어보니 내가 내린 처방에 맞도록 정확하게 약재를 쓰지 않은 것이었다. 내가 처방한 것이 비싸다는 이유였다. 내가 정해 준 약재를 쓰면 수십 배가 비싸다보니 병원 경영에 문제가 생기는 거였다. 게다가 나는 특이한 약재를 많이 처방 하니 한약사가 수시로 쫓아 올라와 물었다.

"이건 무슨 처방이에요?"

그럴 때마다 하나하나 짚어 주었다. 예를 들어서 석고 같은 것도 얼마든지 약재로 쓸 수 있다. 그냥 먹어선 안 되지만 물에 타서 끓인 뒤 가라앉혀서 물만 걸어 먹으면 열이 치솟는 사람들에게 직방이다. 이렇게 까다롭고 예민한 것이 한약의 처방인데 대량생산으로 만들어내고 과장 광고를 낸다는 것은 건강을 염려하는 사람들을 기만하라는 얘기나 마찬가지다.

나는 생각한다. 최소한 한의사 생활을 한다면 양심을 속이는 일을 해서는 안 된다고. 30억만 벌 수 있다면 감옥에 기꺼이 갈 수 있다는 사람이 많다는 말을 얼마 전에 들은 적이 있다. 돈이 모든 것에 우선이 되어 버린 것이다.

우리는 양심의 만족보다는 영예를 얻기에 바쁘다. 그러나 영예를 손에 넣는 가장 가까운 길은 양심을 지키기 위해 노력하는 것이다. 양심에 만족한다면 그것이 가장 큰 영예이다.

— 몽테뉴

진정한 성공을 하려면 양심을 어기거나 누군가를 괴롭히거나 속여서 얻을 수는 없는 법이다. 특히 생명을 다루는 나와 같은 분야는 더더욱 그렇다. 젊은이들이 미래 진로를 원한다면 멀리 볼 필요가 있다. 그런 자들이 진정한 지도자가 될 수 있고 진정한 소명을 다하는 삶을 살 수 있기 때문이다.

후배와 나는 큰 돈 벌 기회는 집어던진 채 그날 대취하고 말았다.

스토리텔링과 한의학

"아이고 축하드립니다. 젊은 나이에 이렇게 번듯한 한의원을 개원하시고."

2002년 2월 2일 2시. 나는 옥동에 내 이름으로 된 이승헌한의원을 개원했다. 내 인생에 한 획을 긋는 순간이다. 오래 전에 장만해 놓은 땅에 건물을 올려 1층에 내가 한의원을 열고 꼭대기인 4층에서 기거하기로 결정이 된 거다.

잘 성장할 수 있게 도와주신 부모님 은혜에 감사드리며 개원식을 했는데 나를 찾아온 분들은 대부분 아버지와 어머니의 인맥이었다. 무궁한 발전을 기원하며 그분들이 화분과 화환을 놓고 갔는데 무려 200여개가 되었다. 그 후 나는 지금까지 그 자리에서 변함없이 20년 가까이 한의원을 하고 있다. 이 지면을 빌어 나를 여기까지 오게 해준 울산 지역 시민 여러분께 큰 감사를 드린다.

홍보가 중요하다고들 하지만 나는 별다른 광고를 하지 않아도 발넓은 부모님의 인맥으로 환자들이 찾아와서 줄을 서고 대기했다. 한약사도 있었고, 실장에 부원장, 사무장, 간호사 해서 총 10여 명이 내 한의원에서 각자의 역할을 맡아서 활기차게 지역사회의 건강을 지켜주며 보람 있는 삶을 살았다. 양심껏 좋은 한약을 쓰려고 애를 쓰다 보니 손님들이 알아서 소문을 내주었다. 간혹 비싸다고 딴 곳에 갔던 분들도 돌아와 주곤 했다. 방송에도 출연해 건강상식과 한의학 지식에 대해 이야기를 나누고 칼럼도 쓰며 정말 바쁘게 살아 왔다.

하지만 요즘 한의원은 위기다. 아니 한의학 전체가 위기다. 요즘 같은 시기에 어느 분야가 위기 아닌 곳이 있을까마는 한의원은 특히 더 그렇다. 양의의 경우 목숨이 왔다 갔다 하는 것이기에 돈이 있고 없고와 상관없이 문제가 생기면 달려가야 한다. 팔다리가 부러지거나 출혈이 있는 등 목숨이 걸리면 꾹 참고만 있을 수는 없기 때문이다.

그러나 한의학은 그렇지가 않다. 멀리 보고 신체의 허약한 장기를 보해주고 증상과 체질을 개선시켜 주는 것이기에 양의와 같이 즉각적인 효험이 나질 않는다고 생각들을 한다. 사실은 굉장히 빠르고 드라마틱한 효과가 있을 때가 더 많은데 말이다.

그래도 흔히 말하는 과학적인 데이터가 있는 것이 아니기 때문에 더더욱 불리하다. 어디 그뿐인가. 아직도 한의학에 대해서는 불신의 시선도 많이 있다. 이러니 한의원이 위기를 느끼지 않을 수 없다.

얼마 전에 한의사 한 사람이 경제난과 부채로 자살했다는 슬픈 소식도 들었다. 주변에 한의원들이 많이 문 닫는 것도 보게 된다. 게다가 코로나 여파로 전세계 경기가 가라앉고 있다. 삶은 곧 변화와 도전이라고 하지만 이렇게 내 눈 앞에서 위기가 닥칠 줄은 몰랐다.

"줄을 서시오."

2000년에 유명했던 〈허준〉이라는 드라마의 임오근 역을 맡은 임현식 배우의 대사 한 장면이다. 허준이 용하다는 말을 듣고 전국 각지의 환자들이 몰려들 때 혼잡을 줄이려고 외치는 소리였다. 그때는 공교롭게도 의약분업 때문에 의사들이 파업을 해서 한방병원이 정말 '줄을 서시오'를 외치고 싶을 정도였다. 그렇지만 그 바람도 잠시 한의학계는 지속적인 불황을 겪게 되었다. 의과, 한의과 대학이 많이 생겨나면서 공급이 과잉되고 병원수가 기하급수적으로 증가했다.

이 드라마가 나갔을 때 정말 전국에는 한의학 열풍이 불었다. 시대의 변화와 스토리텔링이 결합해서 놀라운 시너지 효과를 낸 거다. 모든 국민들이 감동했다. 너도 나도 한의원을 찾아왔고 진맥을 하고 약을 지어 먹었다. 그렇다고 크게 비용이 많이 드는 것도 아니다. 한의원은 보약이 주인데 학원비나 옷 사 입는 것보다 더 저렴한 경우도 많다. 게다가 생약이니 한약은 부작용도 거의 없다. 한의학의 좋은 점이 알려져서 많은 사람들이 한의학을 접하게 되었고 친근해졌다.

따로 얘기하겠지만 한의학은 사실 몸을 고치는 것도 있지만 마음과 정신을 고치는 것이기도 하다. 증세를 상담하고 이야기를 들어주다 보면 자신도 모르게 좋아지는 느낌이 든다. 게다가 우리 한의원에는 상담료도 없다. 침을 맞거나 약을 지어야 돈을 받는다. 양의의 경우 시간당 얼마씩 심리치료 하는 정신과 의사들이 계산을 한다. 너무나 큰 차이가 있다.

한 마디로 한의학은 예방의학이다. 다가올 일을 미리 막아 주는 것이다. 그렇다보니 병원 경영으로 따진다면 남는 게 없다. 침을 맞거나 뜸을 떠야 되는데 수(水)치료 같은 건 기본 서비스로 해주길 원한다. 양의 같으면 작은 거 하나만 해도 모든 검사나 모든 시술은 돈을 받지만 한의원에서는 그럴 수가 없다. 그러다보니 기계를 들여놓고 빚을 지고 리스로 설비를 운용하다 갚지 못하면 위기에 몰리게 되는 것이다. 대부분의 사업자처럼 한의사들도 대출을 받아 갚으면서, 또다시 새로운 대출 받으며 살고 있다. 이익창출이 어렵다. 이익을 보려고 한의원을 하는 건 아니지만 수익이 나지 않는다면 한의원을 운영할 수도 없게 되는 거다.

양의와 경쟁하는 것은 아니지만 의학드라마는 꾸준히 나오고 있다. 하얀 옷을 입은 의사와 간호사들이 사람을 살리기 위해 뛰고 있는 스펙타클한 모습을 보면 가슴이 뛴다. 한의는 그런 역동성을 보여주기가 힘들다.

그렇다고 한의학에 아주 신비한 능력이 없는 것도 아니다. 놀라운 침술이라든가 죽어가는 사람을 살려내는 신비의 기술이 있다. 하지만 스토리텔링과 연결이 되지 않는 것이다. 요즘 기업들은 스토리텔링으로 홍보를 하고 마케팅 하라고 한다. 기업들도 이렇게 뛰는데 우리 한의사들은 그런 쪽에 이해도가 낮다보니 점점 밀리고 있다는 느낌이 든다. 내가 이 글을 쓰는 이유도 그 중 하나다. 내세울 게 없는 나의 삶이지만 스토리텔링을 통해 사람들에게 공감을 얻고 그 공감이 한의학에 대한 긍정과 사랑하는 마음으로 이어지길 바라는 뜻이다.

요즘은 불경기다. 세상 모든 분야가 다 그렇겠지만 한의원이야말로 경기를 탄다. 경기가 나빠지면 가장 먼저 한의원부터 가질 않는다. 모든 보약도 끊어 버린다. 경기가 회복되면 좋아질 것 같지만 그렇게 되어도 다른 곳부터 돈 쓸 거 다 쓰고 남을 때가 되어서야 보약이나 한 재 지어 먹자는 이야기가 나온다. 가장 먼저 풍파를 맞고 가장 늦게 일어나는 들풀 같은 곳이 한의원이다.

경기가 좋아야 특수가 생긴다. 과거엔 술집에서 접대하는 사람들까지도 한약을 지어먹었다. 불규칙한 생활을 하다 보니 한약으로 몸을 지키려는 것이다. 한번은 술집 마담이 아가씨들에게 먹인다며 간을 보호하고 술독으로부터 몸을 지켜주는 약을 지어 간 적이 있다. 그렇게 해서 보약을 먹고 몸이 건강해지자 술을 더 먹어서 영업이익을 올리게 되었다는 말을 들으니 아이러니가 아닐 수 없다. 해독하려던 보약이 술을 더 먹게 만든다니 안타까움이 든다.

세계적인 유행병이 자주 창궐하는 요즘이다. 신종플루나 메르스, 코로나19 등이 그것이다. 이럴 때일수록 면역력을 강화하는 것이 최고로 중요하다. 이 사태가 지나가고 나면 한의학에서 멋지게 신종유행병을 이겨내는 한약이나 스토리텔링이 나왔으면 좋겠다. 드라마나 영화에 한의사들이 많이 등장하면 좋겠다. 동의보감이나 허준과 같은 새로운 이야기 주인공이 개발되면 좋겠다. 한의학도 우리가 지켜야 할 전통이기 때문이다. 소중한 우리의 것이다. BTS로 대표되는 우리 음악, 〈기생충〉으로 명예를 휘날린 우리 영화 등이 한류를 선도한다. 양의에서조차 의료한류를 이끄는데 한의학도 동참하고 싶은 마음이다. 과거의 한의학(漢醫學)도 한자를 고쳐 이제 한의학(韓醫學)이라고 부르지 않는가 말이다. 명실상부한 한의학의 한류가 온 세계를 호령했으면 좋겠다.

지금도 우리 집 옥상에는 개업식 날 받았던 축하 화분들 100여 개가 살아 있다. 볼 때마다 한의학의 명맥을 포기하지 말고 이어 가라는 뜻으로 여기고 있다.

일자리가 없나, 일할 생각이 없나

병원의 직원을 구하면서 느낀 점이다.

예전에는 구인광고를 내자마자 많은 지원자들이 면접을 보러 왔다. 그들은 대개 진정으로 일을 하고 싶어 하는 사람들이다. 면접하는 눈빛에 진심이 어려 있다.

몇 년 전부터는 면접에 응하는 인원이 부쩍 줄어들기 시작하더니 급기야 요즘은 면접 자체도 응모하는 사람이 거의 없다. 전문자격이 있어야 하는 간호조무사나, 자격증 없이 카운터와 사무만 보는 일반직 직원 구하기가 하늘에 별 따기일 정도이다.

이런 현상을 나만 겪는 일이 아니라는 게 더 큰 문제다. 직원이 필요한 자영업 사업장 업주들이 하나같이 이와 같은 하소연을 한다는 것이다.

"사람 구하기가 이렇게 힘들어서야."

반면에 방송매체 등에서는 난리다.

"일자리가 없다."

"취업난으로 몸살을 앓고 있다."

"취업이 안 되어서 졸업을 일부러 미루는 현상도 있다."

이런 기사가 만연한다. 이런 현상을 접하면서 일을 구하지 않는데, 일자리가 없다는 말이 잘 이해가 되질 않았다. 조금이라도 힘들다 싶은 일은 거들떠보지도 않는 게 아닐까 하는 생각도 들 때가 있다.

진료를 마치고 어쩌다 모임에 참석하려고 나가서 보면, 먹고 마시고 노는 데에는 불황이 없는 것처럼 느껴진다. 일자리 없어 일도 못 한다는데 그 돈들은 대체 어디에서 나서 쓰게 되는 걸까? 빚을 내서라도 쓴다? 그러다 나중에 결국 개인 신용불량과 개인파산을 하게 되는 건가 싶기도 하다.

실제로도 한국의 노동의욕을 조사한 자료에 의하면 세계 61개국 중 54위로 한국의 헝그리 정신이 사라진 것이 아니냐는 말이 있다고 한다. 덩달아 우리나라 기업인의 기업가 정신도 부족한 것으로 나타났다. 그러다보니 다음과 같은 말이 떠돈다.

"한국이 선진국이 아닌데 선진국인 줄 안다."

한국의 인재들이 좋은 일자리를 찾아서 끊임없이 외국으로 눈길을 돌리고 있다고도 한다. 스위스 경영개발연구원(IMD)이 최근에 발표한 "2015 세계 인재 보고서(World Talent Report 2015)" 가운데 인재들의 두뇌 유출로 인한 국가 경제의 경쟁력 저하 항목에서도 우리나라는 우려될 만할 상황인 것으로 진단했다.

이렇듯 우리 기업인은 우수한 인재를 잘 채용하여 성장할 수 있는 발판을 마련해 줄 마인드를 갖고 경영을 했으면 싶다. 취업을 준비중인 사람들도 자신의 실력과 자격 등을 냉철하게 판단하면 좋겠다. 자기계발에 도움도 되고, 일할 때 즐거울 수 있으며 노력하고 배워서 기술을 습득할 수 있는 직업을 찾아야 한다. 직업행복이라는 것을 누리며 생활할 수 있으면 얼마나 좋을까 생각을 해본다. 천편일률적으로 대기업이나 공무원 등의 화려하거나 안정적인 직장이나 직업만 갈망하다 실망하고 좌절하지 말아야 한다. 자신이 무엇을 할 수가 있고, 어떤 분야의 직업이 성향과 적성에 잘 맞는지를 파악해야 한다. 다양한 분야에서 양질의 인력들이 제일 잘하고 흥미를 느낄 수 있는 직업을 선택하여 경제 발전과 사회활동에 앞장서서 주도적으로 우리 사회를 이끌고 나아갔으면 한다.

이렇게 되려면 사회적인 뒷받침과 생각의 전환도 반드시 필요하리라 본다. 청소년들을 오로지 공부만 해야 하는 입시경쟁으로 내모는 것이 아니라 학생들 개개인이 가지고 있는 재능을 개발시켜줘야 한다. 학생 스스로가 어떤 것에 흥미와 재미를 느끼고 무엇을 할 때 가장 행복감과 성취감을 얻는지 잘 관찰해야 한다. 그리고 가장 잘하는 재주를 찾을 수 있도록 교과과정을 개편해야 한다. 체계적으로 뚜렷한 미래를 준비할 기회를 부여해줄 수 있다면 좋을 것 같다. 그런 교육이 이루어지기만 한다면 대학교의 전문지식과 수업과정이 자기 직업에 연관이 되는 꼭 필요한 사람에게 도움이 된다. 대학 이외의 분야에서는 빠르게 사회에 진출하여 자기의 꿈을 이루어 가면 된다. 대학 등록금을 마련하느라 등골브레이커가 되어 부모들이 고생하지 않아도 되고, 젊은 이들은 아까운 시간을 허비하지 않고 자기만의 삶을 충만하게 살아갈 여유도 생길 것이다. 한 마디로 사회 전반적으로 각자 고르게 여러 분야에서 능력을 인정받고 개개인의 행복을 추구하게 되는 것이다.

노동은 인간의 보배다. 노동은 기쁨의 아버지다. 노동은 행복의 법칙이다. 노동은 모든 것을 정복한다. 노동은 신체를 굳세게 하고, 가난은 정신을 굳세게 한다. 자기 자식에게 육체적 노동의 고귀함을 가르치지 않는 것은 그에게 약탈 강도의 준비를 시키는 것과 다름없다. 노동은 우리로 하여금 권태, 악덕, 욕심에서 멀어지게 한다.

— 세네카

교육은 많이 받았지만 위만 바라보며 손 하나 까딱 하지 않으려는 사람들이 가득해서는 희망이 없다. 필요한 인력을 제때에 구할 수 있고, 원하는 일거리를 얼마든지 얻을 수 있는 사회가 이렇게 힘든 걸까. 부지런하다던 한국 사람들의 근성이 다 어디로 갔을까. 진정 일자리가 없는 건지, 일할 생각이 없는 건지 반성이 필요하다.

돈 벌러 한의원 다니는 게 아니다

본과를 서울에서 다닐 때의 일이다.

외래 교수님들을 많이 모셔다가 강연을 들으며 우리는 실력을 늘려나가고 있었다. 개강 첫날 임상의 실력 있는 모교수님이 오셔서 첫 강연을 하셨다. 우리는 그 분이 실질적으로 새로운 기법으로 약을 조제하고 진료를 하는 것을 감명 깊게 보았다. 한의학 분야는 양의학과 달리 진찰이나 투약에서 딱 부러지는 게 없다. 그런데 그 교수님은 과학적인 처방을 개발해서 분명한 방법론을 개발한 것이다. 처방에서 임상까지 과학적인 기법을 동원하니 우리들은 신선한 감동을 받았다.

수업이 끝나고 화장실에 가서 용변을 보는데 옆칸에 교수님이 들어오셨다. 내가 수강생인 걸 기억하고 물으셨다.

"내 강의 어땠어요?"

"좋았습니다. 저희들이 원하던 방식이에요."

"그래요? 나중에 졸업하면 우리 한의원에 한번 오세요. 우리 한의원 와서 취직하면 좋겠네요."

본과 4학년이 되면 국가고시를 준비해야 한다. 한의과 대학은 공부가 어렵기로 유명하다. 24학점을 풀로 꽉 채워서 공부해야 한다. 시험 범위가 아예 책 한 권인 경우도 많다. 법대생이 법전 한 권을 외우듯이 우리는 그 책을 외워야 한다. 문제도 광범위하기 짝이 없다. 약재의 성분을 다 알고 있어야 하며, 주어지는 문제와 환자의 증상에 대해 자신이 공부한 것 안에서 최선을 다해서 논술을 해야 하는 것이다.

물론 광범위한 한의사 국가고시 시험 과목을 아이템 별로 엮어 만들어 놓은 문제가 랜덤으로 나오지만 우리들은 시험 준비할 때 어느 분이 출제위원으로 들어갔는지에 정보망을 곤두세운다. 전국의 한의학 대학에서 서로 정보를 교환하고 어느 교수님이 출제위원으로 들어갔다 하면 그에 맞는 시험 준비를 한다. 과대표가 나서서 다른 학교와 연락을 하여 서로 소통하고 교환하는 것이다.

한의학 국가고시는 커트라인이 있는 시험이다. 일정 수준이 되지 않으면 통과될 수 없다. 서울 은평구에 위치한 학교에서 9시부터 5시까지 시험을 보았다. 그리고 눈이 오던 그날 대학로에 가서 촛불 켜 놓고 기다려 주던 선배들과 새벽까지 술 먹었던 기억이 난다.

　요즘 사람들을 보면 조급증이 있는지 원하는 목표를 향해 노력하고 공부하는 부분에 약한 사람들이 있다. 우직하게 공부하고 준비가 되어야만 원하는 꿈을 이룰 수 있는데 편법을 찾거나 옆문으로 들어가는 방식을 찾는 사람도 있다. 국가공인이 그래서 필요한 것인지도 모른다. 고통 없이 얻을 수 있는 것은 없다.

　국가고시 시험 합격을 한 뒤 나는 한의사 자격증을 갖게 되었다. 자격증을 가진 자는 누구든지 한의원을 오픈할 수 있다. 하지만 임상경험을 쌓아야 할 필요가 있어서 대학교 때 외래로 오셨던 그 교수님에게 연락을 했다. 교수님은 부천에서 개원을 하고 있는 분이었다. 나는 그 병원에서 진료를 시작했다. 먼저 가 있던 선배님의 소개를 통해 과장으로 갔다가 나중에 부원장까지 되었다. 그 곳에서 5년간 있으면서 나는 그야말로 개원을 위한 실습을 한 셈이 되었다.

　원장실과 부원장실은 바로 붙어 있다. 문만 열면 바로 원장실이었다. 진단하기가 애매한 환자가 오면 나는 바로 원장실 문을 연다.

　"원장님, 이 환자는 어떻게 봐야 돼요?"

　나의 이야기를 들어보고 원장님은 자신의 의견을 제시한다. 또 반대로 원장님이 애매하면 나에게 물어보기도 한다.

　"부원장, 이 분 어떤 것 같아? 무슨 체질로 보이나?"

서로 이렇게 코앞에서 사수와 부사수가 되어 환자를 살피다 보니 나의 실력은 쑥쑥 성장했다. 월급이 많은 것은 아니었지만 배운다는 입장이었기에 참고 견뎠다. 한번은 울산에 와서 어머니에게 병원 관두고 싶다고 말한 적이 있었다.

"월급도 적고 집에서 멀고 그래서 관둘까 생각중이에요."

그러자 어머니가 펄쩍 뛰었다.

"네가 배우러 갔니? 돈 벌러 갔니?"

순간 정신이 번쩍 들었다. 명필로 유명한 한석봉의 어머니가 산 속에 들어가 공부하다 관두고 돌아온 아들을 떡 썰기로 돌려보냈다는 이야기가 있다. 너무나 유명한 이야기다. 하지만 이것은 사실 어머니들이 갖고 있는 위대함이기도 하다. 자식들의 조급함을 눌러 주는 일을 우리 어머니도 나에게 했던 것이다.

그렇게 실력을 쌓고 있는데 원장님이 어느 날 여행 가방을 들고 나타났다.

"나 해외 좀 갔다 와야 된다."

"원장님, 그러면 한의원은요?

"부원장이 알아서 해요."

"원장님~~~."

그렇게 해서 결국 나 혼자 원장님에게 오는 환자들까지 다 받았다. 정신없이 밀려오는 환자들을 혼자서 진료하고 처방전을 낸다는 것은 보통 일이 아니었다. 기다리고 있는 환자들을 보면서 직감적으로 진찰을 해야 한다. 체질도 알아야 하고 병도 왜 생겼는지 파악해서 처방전을 써야 한다. 체질과 기질이며 나의 직관, 이런 것들로 종합해서 판정을 내리게 된다. 원장님 밑에서 다년간 수련을 쌓아서인지 나는 환자를 보는 즉시즉시 처방을 내릴 수 있게 되었다. 훌륭한 사수 밑에서 소통을 통해 실력을 쌓은 것이다.

침환자도 다르지 않다. 아침에 출근해서 오전 내내 제자리에 앉지도 못하고 이방 저방 돌아가며 침 시술을 하고 점심때나 돼서야 잠시 숨을 고른 뒤 바로 오후 진료 시작하여 진료 종료 직전까지 끝임 없이 침을 놓았던 때도 있다. 과장 좀 보태서 그때의 침 실력은 침 뭉치를 손에 들고 환자에게 던지면 정확하게 혈 자리에 쏙쏙 박힐 정도라고 해도 과언이 아니었다. 손톱 끝 통증부터 극심한 암환자까지 안 본 증상의 환자가 없을 정도였다.

인생에 있어서 성공하기를 바라는 사람은 굳은 참을성을 벗으로 삼고, 경험을 현명한 조언자로 하며, 주의력을 형으로 삼고, 희망을 수호신으로 하라.

– 에디슨

옛날 무협지를 보면 문파에 입문한 초심자 제자는 제일 먼저 하는 일이 도장을 쓸고 닦고 청소하며 빨래와 설거지를 한다. 그런데 그것이 지금 생각해 보면 절대 허튼 일이 아니다. 청소를 하고 빨래나 설거지를 하면서 작은 일에 감사하는 마음을 배울 수

가 있기 때문이다. 또한 작은 일에도 성실히 하다 보면 거기에서
어떤 도를 깨우친다. 바로 큰 일도 잘 하게 되는 기본 원리를 터
득하는 거다. 그 원리를 훗날 무술에 적용하기에 빠르게 성장할
수 있다. 어디 그뿐인가. 자질구레한 일을 하면서 선배들의 훈련
과 수련과정을 어깨너머로 지켜보게 되고 그것을 통해서 스스로
배우게 된다. 내가 부천의 한의원에서 배운 것은 바로 그런 것이
었다. 끝없는 수련과 연습, 이것은 결코 배신하지 않는 나의 자산
이다.

　　지금 돌이켜 보니 돈 벌러 다녔더라면 아마 그렇게 오래 버티
지 못했을 것이고, 실력을 쌓지도 못했을 거다. 오늘의 나는 그리
운 어머니의 소중한 가르침이 주신 선물이다.

운명이냐 선택이냐

간혹 꿈을 갖지 못하는 청년들이나 후배들을 보는 경우가 있다.

그들은 꿈이 없다며 초조해하고, 자신이 꿈을 가지려 노력하지 않는다고 자책한다. 심한 경우는 나에게 무엇을 하면 좋냐고 묻기까지 한다.

꿈을 정하고 그 꿈을 향해 나아가는 것은 인생에 있어서 정말 중요한 일이다. 수많은 자기계발서들이 독자들에게 꿈을 이야기한다. 그리고 꿈을 최대한 빨리 정립한 뒤 그 꿈을 향해 매진하라고 주문한다. 모두 다 옳은 말이다.

하지만 인생이나 운명은 꼭 인간의 의지대로만 되는 것은 아니다. 인간의 의지라는 것은 우주의 섭리와 음양오행의 이치에서 보면 아주 작은 일부일 수도 있다. 때때로 삶에서는 예기치 않았거나 예정되었던 것들이 개인의 나아갈 방향을 이끌기도 한다. 나의 경우도 그러했다.

어린 시절 어느 날 한의사 할아버지가 또 우리 집을 찾아 오셨다.

"승헌아, 있냐?"

매일 듣던 목소리였다. 한의사 할아버지가 방으로 들어오자 그날 나는 결심을 했다. 한의사가 침통을 꺼내 나에게 침을 놓으려고 할 때였다.

"할아버지. 이제 침 그만 놓으세요. 삼년씩이나 침 맞아도 낫질 않잖아요?"

"……."

"이제 그만 놓으셔도 돼요. 차나 한잔 드시고 가세요."

그게 내가 최초로 진료를 거부한 사건이었다. 돌이켜보면 여섯 살 무렵 있었던 일이다. 어떻게 어린 내가 그런 말을 할 수 있었을까?

그 할아버지는 당시 동양의전을 나오신 한의사였다. 나의 말에 당황하던 그 얼굴이 지금도 잊혀지지 않는다.

3대 독자인 아버지의 막내아들로 태어난 나는 귀한 아들이었다. 서울 사시며 내 위로 3남매를 낳고 울산으로 이주하신 부모님이 낳은 귀한 막내아들이어서 어머님은 더 잘 기르려고 애를 쓰셨나 보다. 당시 남들은 잘 맞히지 않던 소아마비 예방 주사까지 맞혔다.

그러나 소아마비 예방주사의 효력은 없었다. 돌이 되기 전에 나는 소아마비에 걸리고 말았다. 온 몸에 열이 뜨겁게 치솟자 어머니는 나를 들쳐 업고 황급히 병원으로 데려갔는데 급하게 해열제를 맞자 온몸이 축 처지면서 마비가 오고 말았다. 사지에 힘은 없이 눈만 깜빡거리고 있어서 어머니는 내가 죽은 줄 알았다고 한다. 한 살 무렵의 일이니 나는 기억이 날 리 없는데 이상하게도 무의식과 가까운 기억 속에 누군가 나를 없고 뛰던 것과 수술실의 싸늘한 침대에 눕혀져서 무영등 불빛을 본 듯한 느낌이 어렴풋이 있다. 죽음을 넘나드는 큰 사건이어서 그런 것 같았다.

이미 마비가 왔다는 것은 운동신경이 끊겼다는 의미였다. 복구는 불가능하다. 그렇게 해서 나는 하지를 쓰지 못하는 소아마비 장애아가 되었다. 주변에 있는 다른 소아마비 소년들의 이야기를 들어보면 과정들이 어찌나 비슷한지 모른다. 병을 고쳐 보겠다고 부모들이 산지사방으로 돌아다녔다고 했다. 귀하다는 건다 먹이고 용하다는 의사가 있으면 다 찾아다녔다. 어떤 사람은 한약으로 나았다고 하고, 어떤 사람은 침을 맞고 좋아졌다고 했다. 하지만 발목이 돌아가고 이미 마비된 신경이 재생될 리는 없었다. 나도 결국은 집에만 있어야 하는 장애인의 운명을 받아들여야 했다. 그러자 어머니는 동네에 있는 한의원 의사 한 분을 불러서 매일 침을 맞게 했던 것이다. 돌이켜 보면 아들을 위해서 뭐라도 하고 싶은 부모의 염원이었다. 그걸 못 하게 하면 한이 되는 것이다. 그걸 알기에 나는 꾹 참고 오랜 기간 그 침을 맞았다. 매일 침을 맞다시피 하니 얼마나 고통스럽고 아픈가. 내 몸의 상태는 내가 잘 안다.

어느 날 나는 이대로 계속 소용없는 침을 맞을 수는 없다는 생각이 들었다. 통증이라기보다는 어떤 결단이었다. 내 몸 상태를 보고 파악한 것이다. 안 되는 일에 미련을 가지고 매달릴 필요는 없다. 주식 투자로 친다면 손절매이다. 손실을 더 키울 필요가 없다는 생각으로 나는 그 이야기를 했다.

살면서 나는 수없이 많은 결단을 했다. 교육 과정에서, 직업 과정에서, 결혼 과정에서 그리고 가족 문제에서. 그런 결단의 방향과 결과가 나의 오늘날 모습이라 생각한다. 어린 나이였지만 더 이상 한의사를 오지 말라고 말할 수 있었던 결단력이 있었기에 오늘날의 내가 있다.

주변의 사람들을 살펴보면 결단을 내리지 못하고 밍기적대는 경우를 많이 본다. 아는 후배는 동업을 하다 사기를 당했는데 그 과정이 아주 악랄하다. 대표로 명의만 올려놓고 동업자가 법인카드를 만들어 수없이 카드를 쓰며 몰래 돈을 빼돌려 큰 사기를 친 거였다. 그 사실을 알게 된 나는 빨리 털고 신용불량자가 될 각오로 소송을 걸어 그 동업자를 감방에 처넣으라고 이야기했다. 이미 일은 벌어졌지만 결단을 내리면 좀 더 손해를 줄일 수 있는 상황이었다.

그러나 그 후배는 사람만 착했다. 결단을 내려서 벌어질 그 다음 사태를 감당하기 힘들어하고 괴로워했다. 한 마디로 게으른 거였다. 젊은 청년들이 나약하고 무기력하며 우유부단한 것을 나는 원인이 게으름에 있다고 본다. 게으르기에 해내지 못하는 것이다. 귀찮고 번잡한 일을 견뎌내야만 한다. 끊어야 할 것은 과감히 끊을 수 있어야 한다.

한의학에서도 과감한 결단을 요구할 때가 있다. 잠시의 고통과 아픔이 있더라도 그것을 끊어 냄으로써 사람을 살리는 기술이기 때문이다.

그렇다고 그 한의사 할아버지가 나에게 와서 아픔만 주고 간 것은 아니다. 침을 맞고 치료를 받다보니 한의학의 신비를 어릴 때부터 경험한 나였다. 부모님 역시 마찬가지였다. 자연스럽게 아들이 한의원을 열고 한의사가 되는 길에 대한 꿈을 갖게 되었다. 이렇게 된 데에 가장 큰 공은 그 한의사 할아버지였다. 훗날 내가 한의원을 개원하고 한의사가 되자 그 할아버지는 당신이 묘방으로 처방했던 내용이 적힌 책들을 다 나에게 물려 주셨다. 훗날 이런 일련의 경험이 나에게 운명이 될 줄은 꿈에도 몰랐다.

4장

사랑은 영원하다

무조건적 사랑

"아빠, 점심 이 동네 뭐가 맛있어?"

1층 진료실에 앉아 있는데 딸이 내려왔다. 우리 한의원 건물
은 1층이 한의원이고, 4층에 우리 가족이 살고 있다. 친구까지 하
나 달고 온 딸이 아마 외식을 하고 싶었던 모양이다.

"왜? 나가서 점심 먹으려고?"

"응, 친구랑 사 먹게."

활달한 딸은 친구도 많았다.

"요 앞에 새로 생긴 칼국수집 맛있던데. 거기 한번 가 봐."

"칼국수 뜨거워서 싫은데?"

"쫄면 같은 것도 팔더라. 카드 줄게."

나는 카드를 넘겨주었다. 그러고도 한참 수다를 떨다가 딸은 한의원을 나섰다. 이걸 보고 있던 환자분이 물었다.

"아이고, 딸하고 관계가 좋구만요. 친구 같아."

"아, 그럼요. 우리 아이들은 무조건적인 사랑으로 키우고 있습니다."

"보기 좋아요. 애들이 사랑 많이 받고 자란 것 같아."

내가 이러한 사랑을 하는 것은 혼자 스스로 터득해서가 아니다. 그런 사랑을 받았기 때문이다.

어린 시절 우리 가족이 살던 집은 철 대문이 크게 열리고 닫히는 집이다. 사람은 그 문에 달린 쪽문으로 들락날락하곤 했다. 짐을 나르거나 자동차가 들어올 때는 큰 대문을 활짝 열어야만 가능했다.

중학생이던 어느 무더운 여름날이었다. 나는 다리에 찬 보조기도 벗어버리고 편안하게 지내고 있었다. 여름에 보조기를 차고 있으면 살과 닿는 부분이 땀과 범벅이 되어 땀띠와 피부염으로 고생을 하기 때문이다. 한참 뒤에 볼일 보려고 외출하셨던 어머니와 아버지가 집으로 오는 것을 알게 되었다. 나보다 먼저 알고 마당의 개들이 짖어댔기 때문이다. 아버지 차 소리만 들리면 녀석들은 벌써 멀리서부터 듣고 짖기 시작한다.

반가운 마음에 나는 목발을 짚고 일어섰다. 보조기까지 차야 하지만 어린 시절에는 다리에 힘이 조금 있어서 목발만 짚고도 짧은 거리는 걸어갈 수 있었다. 마당을 가로질러 가 빗장을 빼서 대문을 열었다. 아버지 입장에서는 마치 자동문이 열리듯이 문이 열리니 반가운 마음에 창문을 내리고 물었다.

"어떻게 알고 문을 열었냐?"

"다 아는 수가 있어요."

난 어깨를 으쓱하며 차가 들어오는 것을 지켜보았다. 마당에 차를 대자 나는 운전석 쪽으로 다가갔다. 그러자 아버지는 차 유리창을 내린 뒤 커다란 수박을 내밀었다.

"여기 있다, 수박."

나는 얼떨결에 목발 짚었던 손으로 수박을 받으려 했다. 그러나 중심을 잃은 내 손에서 수박은 빠져나가고 그대로 땅바닥에 떨어져서 깨져버리는 것이 아닌가? 순간 아버지는 나에게 꾸중을 하셨다.

"그것도 제대로 받지 못 하냐? 저리 비켜라."

아버지는 차문을 열고 나와 깨진 수박을 수습하며 성질을 냈다. 그 장면을 보고 있던 사람이 있었다. 바로 우리 어머니.

"아니, 당신은 애가 수박 들 손이 없는데 거기다 줘 놓고 왜 화를 내요? 그깟 수박이 뭐라고?"

엄마는 철저히 내 편이었다. 벌써 내가 수박을 받을 수 있는 상황이 아닌 걸 알고 있었던 것이다. 순간 나는 가슴이 울컥 하였다. 그대로 집으로 들어가 방에 틀어박혔다. 가슴이 미어지고 소리 없이 눈물만 흘렀다.

'왜 나는 이 처지가 되어서 아버지가 주시는 수박 하나를 제대로 받지 못하는 걸까?'

다리가 멀쩡했으면 문 밖으로 뛰쳐나가 어디론가 한없이 달려갔을 거다. 그렇게라도 우울한 마음을 달랬을 텐데. 지금도 그게 가장 해보고 싶다. 속상하면 온힘을 다해 뛰어가 보는 거. 아무데건 숨이 턱에 차오를 때까지 말이다. 그러지 못하니 방안에서 속상해하면서 자책했다.

어머니의 무조건적 사랑이 없었다면 나는 도대체 어떻게 되었을까? 어머니는 내가 하는 일이라면 무조건 절대적인 지지자가 되어 주었다. 학교를 다닐 때도 선생님들을 찾아가 신신당부하면서 생활함에 있어서 아예 불편함이 없도록 부탁을 했다. 재수학원을 다닐 때도 학원 주방장에게 손을 써 놓으시는 분이다. 그런 어머니의 사랑이 있었기에 내가 여기까지 온 것이다. 자녀들에게는 무조건적인 사랑을 줘야 한다는 생각은 그때 이미 내마음 속에 깃들었다.

여성에게는 본능적으로 모성애가 있다. 어머니의 어린이에 대한 사랑에는 아름답고 위대한 것이 있다. 그러나 본능적인 사랑만으로는 자녀를 잘 키울 수 없다. 이지(理智)의 힘이 감정과 합쳐서, 모성애를 다듬어 넓은 폭을 가질 것이 필요하다. 어머니 자신의 마음이 맑지 않고서는 올바르게 자녀들을 인도할 수 없다. 어머니 자신이 총명하고 어질고 굳센 의지를 지니며, 활동력

을 보여준다면, 말하지 않아도 자연적으로 좋은 감화를 자녀에게
줄 수 있다.

- 페스탈로치

잠시 뒤 국수 사 먹겠다고 나갔던 딸의 전화가 왔다.

"아빠! 국수집이 문 닫았어. 그래서 집으로 올라 왔어. 그냥
피자 시켜 줘."

"그래? 알았다."

나는 다정하게 알았다고 하고 피자집에 전화를 걸기 시작했
다. 무조건적으로 베풀던 어머니의 사랑이 그대로 나에게 전이되
어 내 안에 있기 때문이다. 돌아가신 어머니가 새삼 그리운 날이
었다. 조용히 마음 속으로 불러 보았다.

'엄마.'

부부의 세계

<u>모처럼 핸드바이크를 끌고 나갔다.</u>

핸드바이크는 손으로 페달을 돌리는 장애인용 자전거다. 울산대공원에 나가면 자전거를 타고 운동하기가 참 좋기 때문이다.

중화학공업이 대표산업이던 울산의 부정적인 이미지를 씻어줄 청정제 역할을 할 공원이 필요했다. 그래서 만든 것이 울산대공원이다. 기업에서 개발해 울산광역시에 무상 기부한 이 공원은 울산시민들의 삶의 질을 높여주고 울산의 자연이 산업과 어울린다는 걸 보여주는 상징적인 장소이다.

바람이 조금은 쌀쌀한 봄 날씨에 열심히 핸들을 돌리면서 나는 자전거를 움직였다. 대공원 여기저기에 소풍 온 학생들이 모여서 노래를 부르거나 프로그램을 하고 있었다. 한참을 달리고 있는데 갑자기 어디선가 여학생 하나가 달려왔다.

"아빠! 아빠!"

돌아보니 딸이었다.

"어쩐 일이야?"

"아빠, 우리 오늘 체험학습 왔어."

"아 그래? 여기였어?"

처음 보는 사람은 신기하게 여길 이상한 자전거를 타고 있는 장애인 아빠를 딸은 하나도 부끄러워하지 않는다. 다른 친구들이 다 보고 있는데 달려 와서 인사를 하며 반갑다고 난리인 것이다. 내가 결혼을 하지 않았다면 이렇게 반갑다고 쫓아오는 딸이 과연 있었을까?

소크라테스가 결혼은 해도 후회하고 안 해도 후회하는 것이라고 말했다. 그러면 과연 해보고 후회할 것인가 안 해보고 후회할 것인가. 나는 뭐든 해보고 후회하자는 주의다. 그리고 이왕 결혼을 할거면 나와 정반대인 사람과 하는 것이 최고의 결혼이라고 나는 생각한다. 장애를 가진 나였기에 비장애인과 결혼을 하였다. 가끔 부부장애인들을 만나보면 공감을 형성하거나 이해해주는 면에서는 훨씬 빠르다고들 이야기한다. 맞는 말이다.

하지만 부부 관계는 상호보완이 아니던가. 인간이 어차피 완벽하지 않은 이상 내가 못 하는 것을 반려자가 해줄 수 있고 그런 보완을 통해서 사랑을 키워 나가는 것이 부부 관계라고 생각한다.

물론 비장애인과 결혼하는 것이 쉬운 일은 아니다. 주변의 구경거리 보듯 하는 시선도 어렵고, 불편함과 차별 편견을 견뎌낼 만한 능력이 있는 여자라야 하기 때문이다. 나의 경우 애들을 넷이나 키웠지만 내가 직접 업어 주거나 짐을 들어주지도 못한다. 고작 한다는 게 어디 외출할 때 차나 운전 해주는 것이 전부일 뿐이다. 애들이 아파도 들쳐 업고 응급실로 갈 수가 없어 이 모든 것은 아내의 몫이다. 그런 아내에게 한 번은 미안하다고 말한 적이 있다.

"여보, 나 만나서 크게 도움이 못되네. 미안해."

그러자 아내는 대범하게 말했다.

"다른 집 남자들은 그것도 안 해준대. 술이나 먹고 늦게 들어온대. 그거에 비하면 당신은 최고의 남편이야."

감격이었다. 아내는 오히려 나의 입장을 이해하고 고마워한다. 어쩌다 모임을 다녀와도 이렇게 말한다.

"자기야, 자기가 제일 멋진 신랑이더라."

이발만 하고 들어와도 보자마자 엄지척을 내보인다.

"우와 우리 신랑 잘생겼다. 잘 짤랐네"

최고다. 주변을 살펴보면 장애인들은 대개 좋은 아내들을 만나서 사는 것 같다. 비장애인 부부들도 사네 못 사네, 성격 차이로 이혼하네, 안 하네 하는 걸 보면 너무 행복에 겨운 게 아닌가 생각이 든다.

내가 사는 울산에는 우스갯소리가 있다. 굴지의 좋은 회사들이 많이 있다 보니 남편들이 출근하고 나면 아내들이 나이트클럽 같은 곳에 가서 논다는 거다. 남편이 늦게 들어오기에 신나게 놀고 있을 때 돌발사태가 발생하는 경우가 있다. 공장에 예기치 않은 정전이 되거나 해서 작업을 중단하게 될 때에는 나이트클럽에서 방송을 해 준단다. 지금 몇 번 라인이 멈췄으니 빨리 빨리 집으로 돌아가라는 방송이다. 그러면 반 수 이상의 춤추던 아낙들이 허둥지둥 집으로 달려간다는 우스개다. 물론 믿거나 말거나이지만, 그만치 부부가 성격 차이를 딛고 참아내며 사랑한다는 것은 쉬운 일이 아니다.

결혼 후 나는 아이들이 혹시 길거리에서 날 만나거나 학교에서 보면 부끄러워하면 어쩌나 생각을 하고 있다. 하지만 생각을 바꿔 먹었다. 부끄러워할 거라고 미리 걱정해 숨어 있지 말고 차라리 학교에서 진로 특강 강사 같은 걸로 가는 게 낫겠다고 여겼다. 그래서 아이들이 다니는 학교에 진로특강 강사로 초대받아 한의사라는 직업에 대해서 알려 주기도 하고 학생들의 질문을 받기도 한다. 그렇게 당당하고 자신감 있게 교장 선생님과 인사도 나누고 담임 교사에게 아이를 잘 부탁하는 것이 오히려 낫다.

가장 이해하기 어려운 게 성격 차이로 이혼한다는 부부들이다. 나는 이렇게 말하고 싶다. 성격 차이로 결혼하고, 성격 차이로 매력을 느끼고, 성격 차이로 재미있는 것이라고. 똑같은 성격을 가진 똑같은 사람이 오래도록 함께 살 수는 없다. 그래서 우리

가정에 나와 아내를 반반씩 닮은 아이들이 4명이나 있는 것이다.

대공원에서 딸과 만나 이런 얘기 저런 얘기 하는 사이에 딸아이 친구들이 모두 달려 왔다.

"안녕하세요?"

딸 친구들의 인사를 받았다. 우리 딸은 자랑스럽게 내가 자기 아빠라고 소개해 줬다.

"응. 소풍 왔으니까 빨리 가서 선생님하고 잘 지내. 아빠는 계속 운동하러 간다."

자전거를 굴려 나가자 멋있다고 자기들끼리 수군대는 소리가 들렸다. 결혼하지 않았더라면 이런 소리를 들어 볼 기회조차 없었을 것 아닌가. 나는 행운아가 맞는 것 같다.

다리가 되어준 자동차

중부고속도로 휴게소를 들어서니까 뒤따라오던 자동차가 내 옆으로 와서 멈췄다.

운전자가 내 차로 걸어오더니 창문을 내리라고 하고는 묻는 것이다.

"아까 오면서 봤는데 왜 코너에서 속도를 줄이세요?"
그 사람이 궁금한 건 그거였다.
"아 제가 장애인이어서 그래요."
"그게 왜요?"
"코너를 돌 때는 몸이 쏠리고 내 차가 ABS 브레이크가 아니어서 핸들이 잠겨요. 그래서 속도를 줄이는 겁니다."

"아, 어쩐지 운전 잘 하시는데 이상하다 했어요."

자동차는 나의 애마(愛馬)다. 차에 올라 고속도로에만 나서면 장애와 비장애인의 차이는 없어진다. 오로지 그곳에는 자동차와 물아일체가 된 나의 질주가 있을 뿐이다. 아마 다른 장애인들도 비슷한 감정을 느낄 거다.

어렸을 때 내가 자전거를 타다가 대학을 들어가면서부터는 자동차가 필요했다. 대학교는 고등학교와 차원이 다르다. 건물과 건물 사이도 멀고 이동하려면 시간에 쫓기게 된다. 한의학과 다닌다고 한 단과대학 건물 안에서만 공부하는 게 아니다. 인문계 수업도 들어야 하고 사회과학대학 수업도 교양으로 듣는다. 그러려면 강의 중간 쉬는 시간에 빠르게 이동해야 한다.

장애를 가진 선배들은 대개 오토바이를 세 발 네 발로 개조하여 타고 다녔다. 옆에 목발을 걸쳐 놓고 이동하면서 기동성을 확보한다. 하지만 나는 울산 집에도 다녀야 하고 경주에서 자취를 해야 하니 자동차가 필요했다. 그래서 운전면허를 준비했다.

당시만 해도 장애인이 운전면허를 따려면 서울에 있는 강서 면허시험장 한 군데에 가는 수밖에 없었다. 장애인용 자동차도 별로 없어서 면허시험장에 한두 대 있는 걸로만 연습이 가능했다. 내게 주어진 시간은 면허장에서의 시간뿐이었다. 그때는 장애인콜택시 같은 것도 없던 시기라 서울에 계신 외삼촌이 매일 차로 데려다 주시고 기다렸다가 다시 태워 주었다. 일주일 정도

동행하여 연습을 한 뒤 마침내 면허시험을 보러 갔다. 필기시험 준비는 하나도 하지 않자 외삼촌이 궁금한 듯 물었다.

"아무리 네가 머리 좋아도 필기시험 공부를 조금이라도 해야 할 거 아닌가?"

"60점만 넘으면 되는데요?"

나는 차 안에서 대충 정답에 조금이라도 동그라미 쳐 놓은 것을 보고 외웠다. 그 결과 필기시험 점수는 아슬아슬하게 턱걸이였다. 그거면 된 거다. 더 이상 에너지를 쏟을 필요가 없다. 코스와 주행 시험을 보았는데 단번에 합격을 하고 말았다. 보고 있던 외삼촌이 고개를 저었다.

"너 하여간 시험은 잘 보는구나."

어려서부터 드라이브를 좋아하던 나였다. 아버지가 조수석에 앉혀 주면 앉은키가 작아 와이퍼가 왔다 갔다 하는 것만 보였다. 앞을 보고 싶어 하는 내 마음을 알았는지 아버지는 베개를 방석 삼아 엉덩이 밑에 깔아 주었다. 그 위에 올라 앉아 달리는 차의 앞 유리로 밖을 내다보다 자연스럽게 아버지의 운전을 돕게 되었다. 라디오를 켜고 와이퍼를 작동하는 일, 라이트를 켜거나 끄는 일. 이런 것들은 다 나의 몫이었다. 자연스럽게 운전에 관심을 갖게 되었고, 운전을 좋아하게 되었다. 게다가 어려서 동네 아이들과 야구와 축구도 함께 했었기 때문에 운동신경이 남들보다 발달해 운전면허시험에 손쉽게 합격한 것 같다.

내가 학교에서 차를 몰고 다니자 다른 선배들도 하나씩 둘씩 운전면허 시험을 보아 자동차를 구입했다. 학교를 다닐 때 공부만 하고 하숙집에 앉아 있으면 답답한 느낌이 가끔은 든다. 이럴 때는 스트레스를 풀어야 한다. 유일한 해결책은 자동차다. 차를 몰고 밖으로 나갈 때 딱 3000원만 학교 우체국에 들러 찾아 들고 나간다. 그 돈으로 김밥 하나 사고, 기름 넣고 나가면 감포 같은 바닷가에 가서 파도소리 들으며 바닷바람을 쐴 수 있다. 바다를 바라보며 앉아 넋 놓고 있으면 그렇게 기분이 좋다. 자동차는 나를 원하는 곳 어디든 데려다 주는 나의 동반자였기 때문이다. 이 차로 의료봉사 때 사전 답사도 가고, 내가 필요한 곳 어디든 다닐 수 있었다.

그러나 동시에 속도감이 무섭다는 것도 깨달았다. 현대자동차 공장이 가까워서 직접 가서 첫 차를 출고해 그대로 몰고 아버지와 함께 나왔을 때의 일이다. 연습도 할 겸 고속도로를 주행하다 톨게이트로 들어가는데 100km 속도였다. 경험이 없었던 나는 속도를 줄여야 한다는 걸 모르고 그대로 굽은 길을 달려간 것이다. 순간 차가 미끄러져 튕겨 나가려는 것을 직감하고 나는 비로소 100Km 속도가 무서운 속도라는 사실을 알았다. 나중에 미국에 가 보니 미국은 회전 구간은 도로의 바깥쪽을 높게 올려서 그대로 속도를 유지하며 달릴 수가 있었다.

자동차가 있어서 즐거운 추억이 참 많았다. 대학시절에는 친구들과 함께 바닷가 가서 놀다 오자는 말을 듣고 바닷가에 앉아 파도가 몰려올 때 구경하며 소주 한잔을 기울이곤 했다. 그러다 갑자기 파도가 세게 몰려오면 친구들은 먹고 있던 소주와 안주를 들고 튀어가고 나는 내버려두었다.

"야, 너희들 나를 데리고 가야지. 술만 구해 가냐? 이 나쁜 넘
들아!"

"너는 알아서 기어 나와."

"이럴 거면 다시는 차 안 태워 준다."

"아, 그래 미안미안. 하하하"

웃고 떠들었던 추억이 새삼 생각난다.

이렇게 나는 자동차를 계속 바꿨다. 어떨 때는 잘못 만나 수
리만 하다 끝난 차도 있었다. 심지어는 냉각이 되지 않아 도로가
막히면 오버히트 할까봐 새벽같이 집에서 나와 장충동 동국대로
달려간 적이 한두 번이 아니었다. 단숨에 달려야 엔진이 식기 때
문이다. 그 덕으로 서울 시내 골목길은 내비게이션 보다 잘 알게
되기도 했다. 그 뒤로 대학원을 다닐 때 차를 여러 대 바꿔 탔다.
조금이라도 차에 문제가 생기면 나는 차를 바꿔 버린다. 나의 신
체 일부분이나 마찬가지이기 때문에 믿을 수 있어야 한다.

어디 그뿐인가. 장애인 자동차는 주차문제도 이 사회가 세심히 배려해야 한다. 인식개선이 안되어 장애인 주차장에 차를 대는 몰지각한 사람도 보았고, 적반하장으로 큰 소리 치는 사람도 만나게 되었다. 이에 대한 소회를 적은 칼럼을 여기에 소개한다.

장애인 주차공간은 늘었으나

수년 전에 비하면 정말이지 괄목할 만한 확대임에 틀림없다. 고마운 일임이 분명하다. 장애인주차구역 말이다. 주차 공간 확보뿐만 아니라 우리 국민들의 장애인에 대한 인식도 점점 개선되고 있다. 예전에는 정말이지 장애인주차구역은 찾아보기가 어려웠다. 그나마 고속도로 휴게소에는 장애인주차구역이 한 두 자리 있었지만 장애인 마크조차 없는 비장애인 운전자들이 점령하기가 다반사였다. 이들 비장애인들은 그 사실을 지적하면 이렇게 불만을 표했다.

"잠시인데 어때?"

"장애인이 무슨 특권인가."

과거에는 장애인 주차공간엔 표지판만 있지, 뭐라고 하는 사람도 없었고, 범칙금은 물린다고 하지만 이렇다 할 단속도 없었다. 그래서 그 당시 장애인들은 비상상황에 대비해 차에 빈병을 꼭 가지고 다녔다.

사회가 발전을 거듭할수록 선천적 장애나 바이러스(소아마비, 뇌성마비) 등에 의한 지체장애보다는 산업 재해나 사고 등에 의해 더욱 많은 장애인들이 발생하고 있다. 이에 따라 장애인들이 스스로 활동하고 삶의 만족도를 높여갈 수 있도록 배려하는 사회적 인프라 구축이 중요한 정책 방향의 하나가 되어가고 있다. 당장에는 예산이 낭비되는 것 같지만 결과적으로 인력과 세금을 아끼는 일이기도 하다. 장애인주차구역에 대한 비장애인의 인식도 이 같은 차원에서 이해돼야 할 것이다.

장애인은 이동에 불편이 따르기 때문에 주차구역에 대한 배려 없이는 사회 활동이 어렵다. 장애인주차구역은 보행보조기구를 이용하거나 휠체어를 타야 하는 지체장애인을 위해 턱이나 계단 등이 없이 이동할 수 있는 곳이어야 한다. 또 차문을 활짝 열어 휠체어를 꺼내 조립하고 옮겨 탈 수 있도록 비장애인주차구역보다 면적이 넓어야 한다. 간혹 일반 주차구역보다 넓은 장애인주차구역을 보고 이렇게 말하는 사람이 있다.

"저걸 줄여서 선을 그으면 몇 대는 더 댈 수 있겠구만."

그런 운전자를 만날 때면 장애-비장애 통합교육의 중요성을 새삼 느끼게 된다. 비장애인들이 주차를 할 때 장애인의 입장을 한번만 더 생각해준다면 장애인이 이 어려운 세상을 살아갈 작은 희망이라도 갖지 않을까 싶다.

또 다른 문제도 있다. 장애인주차공간이 많이 증가한 것은 분명한 사실이다. 그런데 정작 장애인운전자는 차를 댈 곳이 없다고 하소연한다. '무늬만 장애인 차량' 때문에 발생하는 일이다. 분명히 운전자 또는 동승자 가운데 장애인이 한 명도 없는데 주차위반 사진을 찍으려 하면 슬그머니 장애인표시를 대시보드에 올려놓는다. 주차 후 이동에 아무런 제약이 없음에도 장애인 주차구역 이용을 마치 특권처럼 누리는 운전자들이 이외로 많다.

법적으로는 장애인 주차구역 설치 및 목적을 '보행상 장애가 있는 장애인에게 주차 편의를 제공하고자 설치 및 운영한다'라고 정해 놓고 있다. 장애인 명의를 가짜로 빌려 차를 사든, 취·등록세를 면제 받든, LPG차량으로 구입을 하든 우리는 상관하고 싶지 않다. 제발 그런 혜택만으로 만족하고 주차할 때만은 정말이지 그 공간이 절실히 필요한 장애인들에게 선심 좀 써주기를 당부한다.

법적.제도적으로도 장애인주차구역의 불법주차에 보다 강력한 공권력을 발휘해주었으면 한다. 아예 차 번호판에 떳떳하게 눈에 확 띄게 달아 주는 것도 필요할 듯하다.

아직도 장애인에 대한 제도적 배려는 선진국에 비해 많이 뒤떨어져 있다. 그 내막을 자세히 들여다보면 어마어마한 범칙금과 범접하지 못할 강력한 공권력이 그런 문화를 형성하게 하는 원동력임을 알 수 있다. 비장애인들은 자유롭게 움직일 수 있는 몸을 가지고 있다는 사실에 항상 감사해야 한다. 그 감사의 마음으로 장애인을 배려하고 사랑을 나누면 더불어 행복하게 웃으며 살 수 있는 사회가 될 것이다.

장애인도 자유롭게 자동차 타고 가서 목적지에 내릴 수 있는 즐거움을 누리고 싶다는 취지의 칼럼이다.

자동차를 타고 질주할 때의 상쾌함은 누구나 공감할 것이다. 가끔은 나와 같은 속도감을 즐기는 사람들을 만나서 고속도로 휴게소에서 이런저런 이야기를 나누기도 한다. 심지어 나는 소변을 보러 휴게소에 들르지 않고 달려 버리기도 한다. 쉬게 되면 추월했던 차를 다시 추월해야 하기 때문이다. 모양 빠지는 그게 싫었다. 지금 생각하면 엉뚱하다 할지 모르지만 그런 일로 스트레스를 풀기 때문에 내 삶의 행복한 순간은 여전히 자동차 운전석에 올랐을 때다. 이런 자동차 덕분에 석사학위와 박사학위를 받을 수 있었고, 울산과 경주, 서울, 부천, 제천 등을 누비고 다닐 수 있었다.

차에 오르는 순간 나는 장애인이 아니다. 중요한 것은 나를 보지 않고 나의 장애를 보는 세상 사람들의 시선이다.

주마등처럼

대학 예과 때 기숙사에서 생활을 했다.

한방에 2층 침대가 두 개, 즉 4인실인 셈이다. 선배와 뒤섞여 있는 방식의 방 배정이었다. 처음에만 조금 어색하지 내 특유의 친화력과 유대감으로 친해지는 건 시간문제일 뿐이었다. 하루 이틀 만에 상황정리가 끝났다. 거의 매일 술판이 벌어지는 참 희한한 생활이 시작되었다. 한 방에서 술잔을 기울이기 시작하면 어느 샌가 그 좁은 방안은 선후배와 친구들로 가득 차 버린다. 물론 안주는 라면 하나나 치즈 정도다. 몇 개를 끓여서 그걸 안주로 술을 마시고 이러저런 이야기 나누다 면이 다 떨어지면 그 국물에 다시 라면 사리 넣어서 끓이고, 마시고. 이러다 보면 하루에 소주 맥주 한, 두 짝씩 바닥나기 일쑤였다.

기숙사에는 나처럼 장애를 가진 선배들이 제법 있었다. 그들 가운데 유난히 정신없이 잘 놀고 만날 돌아다니는 건 나였다. 이들 가운데 본과 1학년이었던 아주 조용하고 내성적이며 차분한 선배가 있었다. 그 선배는 내가 활동했던 '소리모아'라는 합창단 동아리의 테너파트 선배이기도 해서 자주 만나는 편이었다. 이 친한 선배가 내가 타고 다니는 장애인용 차량을 보고는 자기도 면허증을 따서 차를 소유하게 되었다. 하지만 선배는 운동신경이 조금 떨어지는 편이라 운전이 영 시원치 않았다. 그래서 나에게 많은 자문을 구하기도 했다.

차를 뽑은 지 한 달 남짓 되었을까? 기숙사 팀중 5명이 모여 술 한 잔 하러 학교에서 조금 떨어져 있는 성건동으로 나갔다. 학교에서 다리를 건너 처음 나오는 동네인데 여기가 우리의 활동무대였다. 내 차로 갈 수도 있지만 기름 값도 아낄 겸 그 선배의 차를 타고 모두 나오게 되었다. 우리는 평소와 다름없이 너무나 즐겁고 기분 좋게 맥주를 마시고 기숙사 점호 시간이 다가와 돌아가게 되었다. 그런데 이때 운전 때문에 술도 안 마신 그 선배가 분위기에 취해서 기분이 업 되었는지 속도를 좀 냈다. 과속한다 싶었는데 아니나 다를까, 다리를 건너 바로 나오는 우측 커브에서 운전미숙으로 정면에 있는 의과대학병원의 담벼락과 전봇대를 향해 달려갔다.

"어어어!"

난 조수석에서 사고 나는 순간 갈등을 잠시 했다. 선배가 잘 못 돌리는 핸들을 바로잡아 차를 도로에서 벗어나지 않게 할 것 인가, 아니면 나의 안전을 위해 두 손을 다 사용해 손에 잡히는 거 아무거나 붙들고 버틸 것인가. 찰나의 고민 후 이미 길에서 벗 어나는 차를 버리고 조수석 손잡이를 두 손으로 힘껏 움켜잡았 다. 눈앞에 확 다가오는 벽을 느끼며 '꽝' 하는 순간 죽음 직전까 지 갔던 사람들이 흔히 말하는 임사체험을 했다. 삶의 순간들이 주마등처럼 흘러간다는 그것. 내가 어릴 때 아파서 엄마 등에 업 혀 막 뛰어가는 장면, 차디찬 수술대 위에서 수술조명이 확 켜지 는 순간, 그리고 방금 전 한잔 하며 나누었던 이야기까지…….

'아, 이렇게 죽는구나.'

시간이 얼마나 흘렀을까? 가슴에 통증과 호흡이 안 되는 상 황에서 나는 정신이 돌아왔다.

'더 침착하자.'

일단 숨부터 쉬어보자 생각하고 천천히 아주 천천히 공기를 들이마시기 시작했다. 안 쉬어진다. 큰일이다.

'자, 다시 한번 시도하자. 조금씩.'

호흡이 가능해졌다. 살았다. 그 후에는 조심스레 호흡을 이어 가며 현장을 살폈다.

"다들 괜찮아?"

운전하던 형은 당황해서 우왕좌왕 어쩔 줄 모르고 허둥대고 있었다. 보닛에서는 연기가 모락모락 피어나는 게 아닌가. 자동차의 시동조차 끄질 못하고 있었다. 뒷좌석 친구와 후배들도 마찬가지로 어리둥절했다. 난 일단 옆으로 손을 뻗어 시동부터 끄고 먼저 내려서 수습하려 문을 열어 보았는데 열리질 않았다. 내 그 좋은 팔 힘으로 밀어도 꿈쩍도 안했다. 뒤에 정신 있는 후배에게 뒷 창문을 열어 먼저 나가라고 했다. 그렇게 해서 나간 후배가 가운데 앉아서 졸다가 사고를 당한 친구부터 꺼냈다. 사고의 충격으로 얼굴이 피범벅이 된 친구였다. 다른 후배가 119에 전화를 하고 차에서 빠져 나간 뒤 나는 몸을 뒤척여 뒷좌석으로 가서 창문으로 나오려는데 찌그러진 차에서 발이 안 빠졌다. 잠시 당황했다.

"이거 어쩌지?"

하지만 호랑이에게 물려가도 정신만 차리면 산다고 살며시 발을 신발에서 빼보니 빠졌다. 발은 무사하니 다른 부위를 살펴보았다. 이마에서 흐르는 피 말고는 괜찮은 듯해서 창문으로 빠져 나와서 땅바닥에 주저앉았다. 곧 119 구급대가 와서 내 상태를 물어보았다. 나름 한의학도로서 전문적으로 대답한다고 했다.

"저 가슴에 통증이 있는데 골절은 아닌 듯하고요. 목발 같은 거 주시면 일어날 수 있겠는데요."

말을 마치고 움직이려는데 생각과 달리 온몸이 말을 듣지 않아 일어설 수가 없다. 응급차에 실려 병원으로 가 이마의 열상은 마취도 없이 꿰맸다. 흉부 엑스레이 찍고 병원휠체어를 타고 병실로 입원하니 팔에 링거를 꼽고 있어서 움직임이 제한되었다.

나를 침상에 눕혀준 후배가 말했다.

"형, 나 내려가서 입원수속하고 올게요."

그렇게 후배가 나가버린 후 얼마 지나지 않아 맥주도 한잔 했겠다, 수액까지 맞으려니 소변이 차오르면서 나의 방광을 괴롭히는 게 아닌가. 휴대 전화도 없는 시대라 사람을 부를 수도 없었다. 참다참다 간호사를 소리쳐 불러 휠체어에 좀 태워 달라고 해서 간신히 화장실로 가서 폭풍소변을 보았다. 그런데 이번에는 변기에서 휠체어로 옮겨 탈 수가 없었다. 온몸이 아프고 쑤시고 결렸다. 이래서 사람이 화장실 갈 때 마음이랑 나올 때 마음이 다른 거라고 했지 싶을 정도였다.

어찌어찌 하루 밤을 보내고 아침이 되어서야 후배를 불러 휠체어를 밀어 달라고 해서 공중전화로 갔다. 부모님께 전화를 걸었다.

"엄마, 나 목발이 부러져서 그러는데 새 목발 하나만 가져다주세요."

"목발이 어쩌다 부러져?"

"그렇게 됐어요. 아, 그런데 엄마. 기숙사 말고 경주의 병원으로 가지고 와주세요."

"병원?"

그때부터 엄마의 목소리가 떨리더니 상상의 나래를 펴는 게 눈에 보이는 듯했다. 엄마는 그랬다. 특히 내 일이라면 내색은 안하지만 모든 촉각을 곤두세우고 평생을 사셨다. 이걸 본 후배가 물었다.

"형. 왜 어제 전화 안 하고? 저를 시키시지. 아픈데 직접 전화 걸러 나와요?"

"다른 사람이 병원이라고 전화를 하면 얼마나 놀라시겠니?"

잠시 후 허둥지둥 달려온 부모님이 퇴원수속을 밟아 나오면서 사고 장소로 목발을 찾으러 갔다. 부모님이 망가진 차를 보더니 놀라 물었다.

"이 조수석에 탄 게 너였니?"

"네."

"이 정도면 여기 탄 사람은 죽었다고 해도 이상하지 않다."

운전자는 급박한 상황이 오면 자기를 보호하려 한다. 그러니 선배가 자기도 모르게 핸들을 왼쪽으로 틀어 조수석 쪽이 완전히 반파되어 밀고 들어간 거였다. 그때 목발이 옆에 있어서 내 발을 지켜준 듯하다. 찌그러진 틈에 낀 신발도 나대신 장렬히 사망한 거다.

집에 온 나는 너무 아파 꼼짝도 못하고 누워만 있었다. 응급 시 쓰려고 비상용으로 보관해 왔던 웅담을 소주잔에 타서 먹었다. 타박상 후 웅담은 역시 탁월한 치료 효과가 있는 약재였다. 그때만 해도 무통 주사라든가 진통제 등등 병원치료가 너무나 허술할 때라 한방 치료법이 많은 도움을 주었던 시기이다.

이 사건을 떠올리면 드는 생각이 있다. 사람이 평생을 살아가면서 어찌 좋은 일만, 또 어찌 나쁜 일만 있겠는가. 모든 상황을 현명하게 이겨낼 때 주마등처럼 지나가는 추억도 행복할 거다.
잘 살아야 하는 이유이기도 하다.

자기헌신

태양이는 여섯 살. 장애를 가지고 있다.

앞을 볼 수도 없고, 들리지도 않는다.

그냥 가쁜 숨만 헐떡거린다. 안아주면 가만있다가 내려놓으면 온몸을 부들부들 떨며 경련을 일으켜 금세 얼굴이 빨개진다.

"오, 그래. 태양아."

다시 안아준다. 그러면 숨이 고르게 돌아온다. 경련을 멈추고 평안해진다. 신이시여. 만감이 교차한다. 30년을 넘게 해온 봉사활동인데 이번엔 왜 마음이 이리도 시린 걸까? 이럴 때면 사소한 것에 감사하는 하루가 된다.

약손봉사회가 이 중증장애아 시설인 수연재활원에 6년째 매
달 가게 되는 계기는 바로 예쁜 태양이 때문이다. 내가 소아마비
로 장애를 갖게 되면서 지금까지도 많은 분들의 도움과 사랑을
받은 덕분에 이 힘든 삶의 여정을 잘 버티며 살아가고 있다.

어린 시절부터 나는 남의 도움을 받아야만 살 수 있는 존재였
다. 학교를 다니는 것에도 친구들의 도움이 필요했다. 오래도록
부모님의 신세를 졌다.

한의대생이 되고서야 비로소 이제 내가 누구에게 뭔가 해줄
수 있는 능력이 생기기 시작하였던 것이다. 참 기뻤다. 늘 받기만
한 사랑을 내 미흡한 능력이지만 조금이나마 돌려주고 나눠 줄

수 있게 된 것에. 그 후 시간과 여건이 될 때마다 조금씩 의료봉사의 형태로 때론 혼자, 때론 단체로 한방의료봉사를 했다. 가족들이 참여할 때도 있었다. 아이들은 침 보조와 시간체크 등을 하고 아내는 미리 준비해 간 한약을 조제해 환자들에게 나눠주는 가족 의료봉사 시스템이다. 늘 해오던 봉사는 사실 봉사라기보다는 재능기부 정도의 의미일 수도 있다.

사회활동이 많아지고 범위가 넓어지면서 많은 사람들이 칭찬을 했다.

"그렇게 좋은 일을 하니 참 대단합니다."

그들이 격려와 독려로 울산 시민들이 동참하면서 조금씩 봉사활동은 성장했다. 그러다 보니 어느새 제법 큰 사회단체에서 봉사회를 맡을 기회가 주어졌다. 좀 더 체계적이고 나름 여러 방향을 제시하며 직접 몸으로 부대끼는 봉사를 구축하여 정착하고 있다.

나는 가장 먼저 일반 지식나눔공동체를 목표로 한 '사람만이 희망이다(사만희)'라는 밴드모임에 회원으로 초대되었다. 그곳에서 활동을 하다 모임 활동의 규모가 커지자 분과별로 소모임을 만들어 회원들을 나누기로 결정했다. 나는 '사만희봉사회'를 맡아달라는 부탁을 받게 되었다. 봉사회라면 다른 생각 할 것 없이 봉사만 집중적으로 할 수 있어 좋겠다는 생각에 일 년 이상 열심히 해서 봉사의 붐을 일으켰다. 그러자 어느 순간부터 사람들이 봉사회를 맡지 말고 전체회장을 해보면 어떠냐고 물었다. 아마도 봉사회를 다부지게 운영하는 걸 보더니 전체 회장을 맡겨도 우직하게 잘 할 거라 여긴 듯했다. 그렇게 해서 나는 2대 사만희 회장을 했다. 생애 처음의 NGO 대표 자리였다.

그러나 어느 단체든 그렇겠지만 조직이 500명이 넘게 커지고 분파가 생기다보면 목소리들이 갈라지게 되어 있다. 정치적인 목적을 가지고 접근하는 사람, 사적 이익을 위해 목소리를 높이는 사람 등. 조직을 내가 생각한대로 이끌기 어려웠다. 보여주기식 봉사를 하려고 하며 사진이나 찍으려는 자들을 보면 정말 거북했다. 이러려고 봉사회를 만든 건 아닌데.

어느 날 장고 끝에 나는 탈퇴를 선언했다.

"내 뜻과 초심을 지키기 어렵습니다. 저는 회장직을 내려놓고 사만희를 탈퇴하겠습니다. 봉사는 하지만 개인적으로 계속 할 것입니다."

이렇게 말한 뒤 나는 실천하기 위해 새롭게 봉사회를 만들었으니 그 이름은 〈약손봉사회〉. 사만희 회원들은 가급적 배제하면서 멤버를 구성했다. 영애, 명덕, 민규, 태근, 경미, 은숙, 예진 등등의 지인들이 공업탑 부근에 있는 카페에서 만나 밴드 개설하고 봉사지와 방법 등을 의논하면서 시작하게 되었다. 이곳에서도 다시 봉사의 숭고한 뜻에 동참하여 자기헌신을 하는 사람들을 모아 도움 되는 일을 하려 했다. 약손봉사회는 초기멤버가 10명 정도에서 시작했는데 어느새 80여명까지 늘었다가 현재는 50여 명을 유지하고 있다.

봉사나 재능기부, 사랑 나눔 등등은 어떤 이유에서든 순수해야 하며 목적을 위한 수단이나 도구, 혹은 발판이 되선 안 된다는 게 내 개인적인 고집이다. 괜히 조직을 키워서 힘을 과시하고 영향력을 키우려는 건 용납하기 힘들다. 대부분의 NGO는 취지가 좋지만 안 그런 곳도 있고, 정치로 혼탁해지는 곳도 있다. 이런 일은 본말이 전도되는 현상이다. 모임에 자꾸 이런 외부적 요인들이 들어오고 회원들 사이에 의견도 갈리고 하는 것에 회의를 느껴 한동안 참 힘든 시간을 견뎌야 했다.

그래도 봉사회를 하다 보니 주변에 사랑이 필요한 사람들은 왜 그리 많은지 모를 일이다. 그리고 그들에게 헌신하고 싶어 하는 순수한 마음을 가진 사람들도 그 못지않게 많다. 그게 사람 사는 세상의 힘이라고 생각한다.

약손은 바로 나의 호다. 세상 아픈 사람들에게 '엄마 손은 약손'같은 한의사가 되라고 말이다.

우리 약손봉사회의 회원들은 참 다양한 곳에서 열심히 살아가는 따뜻한 사람들이 모인, 가족과 같은 존재들이다. 초창기 약손봉사회 회원들은 모두 너무나 특별하다. 부회장 영애는 열심히 사느라 금요일, 토요일 밤새서 롯데리아 근무 후 일요일 아침 봉사에 지금까지 거의 빠짐없이 참여하고 있다. 민규는 친동생처럼 되어버린 영어학원원장인데 진심으로 나를 위해 혼신의 힘을 다해준 동생이다. 봉사회 일이라면 자기 차로 매번 픽업을 하기도 하고 행사에서 적극적으로 진행까지도 해주었다. 지금은 개인 사정으로 봉사에 동참은 못 하지만 사적으로는 자주 만나 우정을 나눈다. 명덕이는 의료기를 취급하는 업체 사장이다. 나와 20여 년 된 지인 겸 동생인데 물심양면으로 봉사를 지원해주는 믿음직한 아우다. 태근이는 치과 분야의 봉사를 같이 해준 아주 멋진 회원이다. 부회장까지 하면서 아낌없는 물량공세를 해준 통 큰 친구이다. 경미는 대찬 성격을 가졌지만 마음도 여려서 봉사라면 술 먹다가도 달려오는 의리의 여전사다.

은숙이는 초기멤버로 참 예쁘고 상냥하고 밤에는 은술이라고 부를 만큼 음주도 좋아하는 회원으로 나를 많이 보필해준 동생이며 지금도 연락하고 지낸다. 예진이는 얼마나 열정인 사람인지 모른다. 본인이 하는 싱크대 대리점에서 수연재활원 1층과 2층 노후된 부엌가구를 다 사비로 갈아주기까지 했다. 물론 벽지까지 제공해 도배까지도. 모두들 우리 약손봉사회를 빛내준 회원이다.

나머지 회원 모든 분들도 고맙고 특별하다. 부열이는 적극적인 참여와 파이팅 넘치는 의지로 발전에 지대한 공을 세웠는데 아내까지도 같이 활동해주었다. 은영이, 형률이 부부는 수미강횟집을 운영하며 바쁜 일정에 몸소 앞서서 나서주고 궂은일을 맡아주고 진심으로 함께 해주었다. 혜경이는 에뜨왈 제과점을 하면서 재능기부를 얼마나 많이 하는지 모른다. 장애를 가진 아이들이 직접 할 수 있는 체험을 자주 준비해서 참여하게 만들어 주는 천사 같은 동생이다. 오죽하면 오븐기를 두 개나 들고 와서 피자 굽기까지 체험하게 해줬을까. 비록 우리가 물질적으로는 여력이 없지만 마음만은 재벌 부럽지 않다.

회원들은 하나같이 봉사를 하고 온 다음 소감을 말하라면 이렇게 말했다.

"정말 감사하며 살아야겠다."

"마음이 너무 아려오고 짠한 감동이 아직 남아 있다."

"우리 아이들에게 진심 고맙고 사랑한다고 말해야겠다."

"부부싸움한 우리가 참 어리석게 살아 왔구나 생각합니다."

"회장님, 감사합니다. 우리에게 이런 기회를 주셔서."

하지만 오히려 난 내가 너무나 감사하다고 한다.

이런 분들과 함께 난 살아 있음에 감사한다. 내게 주어지는 그 모든 고난 및 끝없는 통증과 아픔, 그리고 숱한 역경들을 견디고 버티고 일어서게 하니까 말이다.

자기헌신이란 다른 사람들에게 베푸는 것이 아니라, 자신의 의무를 다하는 것이다.

산 넘어 산

우리가 잊고 사는 것 중 하나가 가장 보편적인 하루, 평범한 일상의 고마움이라고 생각한다.

"밤새 안녕하셨어요?"

이 말은 죽지 않고 눈을 뜰 수 있는 하루 시작을 감사해야 한다는 뜻이다.

"별일 없으시죠?"

진짜 별일이 없기를 바라면서 사는 게 얼마나 큰 행복인지를 알아야 한다. 최근 코로나 사태의 세계적 유행을 보면 더더욱 그렇다.

내 삶은 어찌 그리도 별일이 많이도 생기는지, 조금 잠잠하다 싶으면 뭔가 터지고 또 터지고 하니 정신을 차릴 수 없다. 아침에 운동을 하는 습관으로 헬스장에서 난 상체 근력운동을, 아내는 나를 보조하려고 따라와서 자전거나 런닝머신 정도를 한다.

한 달 전 아침 여느 날과 같이 운동을 하고 있었는데 자전거 페달을 밟던 아내가 안 보였다. 한참 후 고개를 돌려 보니 조용히 다시 자전거를 타고 있었다. 그런가보다 하고 내 운동을 열심히 한 후 집에 갈 시간이 되었다. 그런데도 아내는 멍하니 넋 나간 사람처럼 앉아 있기만 했다.

"왜? 뭔 일 있어?"

"아니. 갑시다. 집에."

제정신이 돌아온 아내가 나와 함께 헬스장 문을 나섰다. 아무리 봐도 이상해서 다시 물으니 그제야 힘겹게 입을 연다.

"병원에서 전화 왔는데 검사 결과 안 좋다고 오늘 올 수 있냐고 했어."

"왜?"

"암이래,"

가슴 탁 막히는 소리를 한 뒤 닭똥 같은 눈물을 하염없이 흘린다. 난 뒤통수라도 한 대 맞은 것 같아 아무 말도 할 수가 없었다. 내색은 안 하려 애썼지만. 그날 하루가 어떻게 가는지 모를 지경이었다.

왜 내게 자꾸 이런 일이 생기는 걸까? 나에게 평탄한 삶은 사치인 걸까? 무슨 죄를 그리 많이 지었길래 이러는 걸까. 별별 생각이 다 들면서 억장이 무너졌다.

"가. 같이 가자. 암이면 고치면 되니까 걱정하지 마. 괜찮아."

애써 위로하며 걷는 몇 걸음 안 되는 거리가 수만 광년처럼 멀게만 느껴졌다.

태어나서 지금껏 내 삶은 아픔과 고통으로 점철되었다. 그걸 견뎌내고 버티며 살아 왔건만 산 하나를 넘으니 또 다른 크기의 산이 자꾸 내 앞을 가로막는다. 너무나 많은 일들이 벌어지고 그걸 끊임없이 해결하고 나서 숨 돌리면 다시 휘몰아치는 험난한 인생이 바로 나의 삶이다. 가지 많은 나무 바람 잘 날 없다고 4명의 아이들 키우는 것도 살얼음판 같은데 오랜 병환의 부모님 모시며 그 힘든 내색 하나 안하고 버텨온 아내를 회상하니 목이 메어 말이 안 나왔다. 거의 동시에 부모님을 다 보내드리고 허전한 마음을 자식과 아내에게 온전히 실어 견뎌내고 있었는데 아무리 강한 나라지만 참 힘이 들었다.

그래도 내가 아는 지인들을 총동원했다. 서울에 있는 병원 가면 몇 달 걸린다고 해서 울산의 친한 암전문병원 의사 동생에게 부탁을 해서 빠르게 수술했고 지금은 어렵게 회복중에 있다. 그러다 보니 아내 곁에서 드는 생각은 그냥 살아 있음에 감사하는 거다.

산 넘어 산인 인생길 가다보면 큰 산을 어렵게 넘고 나도 다음에 또 산이 온다. 그런 작은 산들은 그리 힘들이지 않고 넘게 되는 이치가 그러하다고 위안을 삼으며 앞으로 올 산들에 대비하며 열심히 살아볼 작정이다.

그러려면 오늘을 잘 보내야 할 것이다, 가장 소중한 지금의 행복에 집중하는 하루하루를 살도록 노력해야 한다.

5장

임상의 햇살

모자라면 채워주고 넘치면 덜어주고

"선생님. 우리 둘째 아들 때문에 속 터져 죽겠어요."

한의사의 일은 환자들의 상담사 역할을 하는 것이기도 하다. 그 날도 할머니 한 분이 와서 몸 아픈 건 얘기하지 않고 속사정을 털어놓는다. 둘째 아들이 허랑방탕해서 사고만 치고 사업 했다 하면 빚이나 지면서 죽겠다고 그런단다.

"다른 형제들은 안 도와주나요?"

"누나랑 동생들이 조금씩 보태줘서 지금까지 온 거예요."

모자라는 것이 있으면 보태 주는 것이 자연의 법칙인 듯하다. 내가 학생 때 강의를 들었던 신재용 교수도 이렇게 말했다.

음양은 한의학 기초 이론의 중요 부분으로 일찍이 어떠한 사물이든 모두가 대립함과 동시에 통일이 있는 음(陰)과 양(陽) 의 두 면을 갖는다고 생각했으며, 이 음양의 대립 혹은 상호작용과 부단한 운동을 우주 만물이 생성 변화하여 쉬지 않는 원동력으로 보았던 것이다. 그러므로 음양은 만물의 강령이며, 변화의 근원이다. (중략) 모든 현상도 음양으로 구분될 수 있고 인체 구조도 음양으로 구분될 수 있으며, 인체 생리도 음양으로 구분될 수 있다. 또 음양이 항상 그 상대 평형을 유지하여야만 정상적인 생리 상태가 유지되는 것이며, 만약 음양이 협조를 잃으면 평형의 파괴가 오고 편승이 발생하며, 따라서 질병을 발생시키는 계기가 된다.

〈알기 쉬운 한의학〉

우리의 장기를 들여다봐도 그렇다. 오장육부가 고르게 조화를 이루고 각자 제 역할을 다한다면 그것은 건강하다는 의미이다. 어느 한 쪽이 조금이라도 부실하면 나머지 장기들이 더 노력을 해서 그 부실함을 채워 준다.

장애의 경우도 마찬가지다. 하반신을 못 쓰는 사람은 상반신을 발달시켜 부족함을 보완한다. 앞을 보지 못하는 사람은 청각이나 촉각을 발달시켜 예민해지면서 세상 사물을 인지한다. 이렇게 한쪽으로 기울면 평형을 맞추려고 노력하는 것이 인체의 조화이며 자연의 섭리이다. 하지만 기울어짐이 오래 지속되면 결국 다른 기관들에게도 무리가 가게 되고, 그로 인해 병이 깊어진다. 조기에 이런 것들 보호하고 잡아주는 것이 한의학의 원리이다.

이것은 가족 관계에서도 마찬가지이다. 나 역시도 아픈 손가락이 있다. 막내를 임신했을 때 초음파를 본 의사가 말하는 것이었다.

"아기 팔에 작은 혹 같은 게 있네요."

청천벽력이었다. 태어나서 보니 림프관종이라는 것이 아닌가. 왼쪽 팔이 볼록 튀어나온 것이 곁에서 봐도 문제가 있어 보였다. 그 팔에 항암치료를 하며 주사를 놓으면 한 달간 열이 나는 것을 해열제를 써서 떨어뜨리며 치료를 했다. H병원에만 전문의가 있어서 문제가 있으면 막내를 데리고 병원이 있는 서울로 달려가곤 했다. 어린애가 울면서 팔에 주사를 맞고 항암치료 하는 꼴을 나는 제대로 보지 못한다. 너무나 가슴이 아프다. 그리고 얼마나 속이 상하는지 모른다.

아내와 결혼할 때 처갓집에 가서 나는 큰소리를 뻥뻥 쳤다.

"나는 이미 어렸을 때 너무 크게 아팠기 때문에 앞으로 불행한 일은 내 사전에 없을 겁니다."

그랬던 나였는데 이런 고통이 생길 줄은 꿈에도 몰랐다. 어린애가 팔이 부어서 아프다고 울고 주사를 맞아 집에 돌아와서 열때문에 끙끙 앓을 때면 나는 그걸 잊기 위해 폭음을 했다. 술 친구들 만나면 한탄을 했다.

"하느님 부처님 알라신. 다 필요 없어. 이미 나에게 이렇게 큰 고통을 줬으면서 왜 우리 애까지 건드리느냐 말이야."

귀여운 막내가 나처럼 어린 시절 병원에서 겪은 싸늘한 추억을 가질까봐 그것도 마음이 상했다.

다행히 이제는 많이 커서 증상이 완화되고 열도 별로 나지 않고 잘 지내고 있지만 어린 녀석이 가끔 팔이 아프다고 하소연하면서 나에게 말한다.

"아빠, 나만 왜 이래?"

이런 말을 들을 때는 내 억장이 무너진다.

"우리 착한 강아지, 너만 그런 게 아니야. 세상 사람 누구나 하나씩은 다 아픔을 갖고 살지."

이렇게 둘러대곤 한다. 그래도 세월이 약인지 어느새 그 아픈 손가락인 녀석이 초등학교 4학년이 되었다. 4남매가 그래도 큰 탈 없이 잘 자라준다.

어느 자식이 부모에게 귀하지 않을까만 결혼하여 첫 아들을 낳았을 때 아내가 광주에서 몸조리를 하고 울산으로 돌아오게 되었다. 나와 함께 간 어머니는 아기에게 충격이 갈까봐 오는 몇 시간 내내 손자를 팔에 안고 있었다. 그것도 무릎에 내려놓지 않고 살짝 띄워서 시트의 충격이 전달되지 않게 하려는 거다. 얼마나 귀한 손주였을까. 키울 때 포도의 작은 씨까지 발라 먹이며 눈에 넣어도 아프지 않게 키웠다. 첫사랑이라서 그런가보다. 그랬던 녀석이 이제는 대학생이 되었고, 노력해서 원하는 대학을 들어갔다.

둘째인 딸은 친구 관계도 좋고, 엄마를 닮아서 사방팔방에 관심과 배려를 나누는 귀엽고 예쁜 녀석이다. 중학생인 셋째는 자기 관리가 철저하다. 밖에 나가서 사람들에게 폐를 끼치는 일은 한 번도 해본 적이 없다. 그리고 내 가슴을 아프게 한 막내아들까지 3남 1녀가 우리 자녀들이다.

애가 넷쯤 되니까 모이면 자기들끼리 커뮤니티를 형성한다. 순서와 순번이 정해지고 역할분담이 자동으로 일어난다. 간혹 사람들이 묻는다.

"그렇게 많이 어떻게 키워요? 하나 키우기도 힘든데."

그럴 때 나는 말한다.

"욕심을 버리세요."

"그거 남들 하는 만큼은 공부 시켜야 하잖아요."

남의 말을 듣거나 눈치를 볼 필요는 없다. 내 인생은 내 인생이기 때문이다. 팔랑귀가 되어서는 나의 주체성을 잃어버린다. 아이들도 자신이 궁금한 것이 있거나 하고픈 게 있으면 스스로 물어보고 알아보면서 다 배우게 되어 있다. 행여 열심히 학원비를 투자해서 좋은 대학을 가면 무엇을 하겠는가. 그것은 스스로가 아니라 부모의 힘으로 가는 것이 아닌가. 혼자 힘으로 자기주도하에 공부하는 훈련이 되지 않으면 서울대, 아니 하버드대학을 나와도 인생의 낙오자가 될 가능성이 크다. 인생이라는 학습은 그 누구도 대신 해줄 수 없고 자신만의 길을 가야 하는 것이기 때문이다.

이에 대해 내가 과거에 쓴 칼럼이 있다.

획일적인 교육에서 방황하는 아이들과 가슴 아픈 부모들

진료를 하면서 자주 묘한 감정이 들 때가 있다. 분명 아이의 약을 지으러 왔는데 당사자는 주눅이 들어 불안함과 안절부절 못하는 행동들을 보이고, 부모는 얼굴에 수심이 가득하다. 가끔 들이쉬고 내쉬는 한숨은 땅이 꺼질듯하다.

대부분 아이는 학교생활과 학원생활에서 상당한 심리적 압박과 스트레스를 받아 신체기능이 저하되고 기억력 감퇴와 의욕상실로 인한 무기력과 만성피로 증후군의 증세를 나타낸다.

조용히 앉아 수업을 듣고 선생님들이 지시하는 일을 무난히 수행하는 아이들 무리에서 조금 생각이 다르고 수업방식과 질문의 내용 및 학습자세가 특이한 학생들이 있다. 이 아이들은 주위의 꾸중과 질책 속에서 자기의 생각과 표현을 마음껏 해보지도 못하고 가슴앓이 하며 넘어가는 경우가 많기 때문이다. 즉, 발상이 다른 질문을 한다거나 표현이 다른 행동을 할 경우, 바로 선생님으로부터 제지를 받는다. 그 다음에 그 학생들이 취할 수 있는 행동이라고는 그냥 멍하니 있거나, 엎드려서 자버리는 방법밖에 없다.

그 일련의 행동들은 다시 학원으로까지 이어지게 된다. 이런 개성 있는 아이들은 잠재된 능력들을 발휘도 못해보고 획일적이고 보편적인 관습에 의해 묻혀버린다. 혼란 속에 문제아라는 낙인이 찍히고 왕따라는 굴레에서 허우적거리기도 한다. 그런데 정작 학생 능력 판단의 결정적 기준이 되는 성적은 이 아이들이 최상위권인 경우도 상당히 많다는 것이다. 왜 그럴까.

이 이야기는 거기서 그치는 것이 아니다. 그런 학생들의 학교 생활은 부모님들 귀에도 흘러들어가게 된다. 그러면 부모는 내 아이가 어떤 성향이고 무슨 이유로 그런 행동들을 보였는지를 따져보기 보다는 남들의 수군거림과 따가운 눈총들이 더욱 두렵다. 일단 야단부터 치게 되어 자녀와의 사이가 악화가 됨은 물론이고, 건강상에도 큰 영향을 끼치게 되는 문제를 야기하게 된다. 대개 그럴 경우 부모는 아이에게 ADHD검사를 받게 하지만 대부분은 정상이라는 판정을 받게 되고 그 후 더 혼란에 빠져 어찌 할 바를 모르게 된다. 그러다 나에게까지 진료를 받으러 오는 것이다.

간혹 이 아이들 가운데 일부가 외국유학을 택하는데 몇 년 후 다시 진료를 오게 되면 완전히 반전을 보여주는 일이 많다. 외국에서는 색다른 질문을 하거나 수업시간에 자세가 삐딱한 걸 억압하고 질책하거나 이상한 아이로 치부하는 것이 아니다. 오히려 그 이상하다 싶은 질문을 끝까지 들어주고 그 생각을 존중하여 수업주제에 맞는 쪽으로 유도한다. 공부의 재미와 자유로운 사고를 길러주는 교육 환경인 것이다. 한국에서 학교 공부에 찌들어 있고 무력했던 아이가 자신감 있으며 당당하고 멋진 아이로 변해서 돌아오곤 한다.

우리도 늦지 않았다. 획일적인 교육과 편견을 버리고 정형화한 틀을 벗어나 다양한 아이들의 개성을 포용하면서 즐겁게 지식을 쌓을 수 있게 해줘야 한다. 올바른 자아형성을 하고 자기가 잘하는 일들을 찾도록 해야 한다. 그럼으로써 미래 사회 다양한 분야에서 뛰어난 능력을 발휘 할 수 있는 밑거름이 되어 주는 것이 바람직하지 않을까 한다.

우리 아이들은 키울 때는 넷이나 되기 때문에 학원도 별로 많이 보내지 못했다. 아이들 삶은 아이들의 삶으로 따로 있는 것이라고 생각했다. 가끔 딴 집 아이들이 좋은 대학을 갔다거나 공부 잘 한다는 말을 들으면 속상해하는 사람들이 있는 모양인데 그것은 그들의 몫이다. 겉보기엔 그렇지, 속으로 또 다른 어떤 문제가 있는지 누가 안단 말인가. 우리 아이들은 서로 부족한 걸 채워주면서 가정의 행복을 위해 각자의 역할을 다하고 있다. 한 녀석이 미운 짓 하면 다른 녀석이 예쁜 짓을 하게 되어 있다. 급한 일이 벌어지면 서로들 달려들어 도와준다. 인체의 장기들이 서로 조화와 보완을 하는 것과 다르지 않다.

제대로 클까 걱정하며 속상했던 막내아들은 이제 나의 휠체어를 가장 열심히 밀어준다. 이를 악물고 끝까지 미는 녀석은 막내뿐이다. 세상의 조화와 이치는 인간이 이해하기에는 너무나 심오하고 깊다. 이 모든 것이 다 뜻이 있는 것이다. 신체 장기도 쓸모없는 것이 없듯, 우리네 삶에서 경험과 지식과 인연은 어느 하나 버릴 것이 없다.

두피관리는 자기관리

"머리 좀 어떻게 할 수 없나요?"

얼굴이 검게 그을린 건장한 사내가 들어와 상담을 요청했다.
그의 머리는 벌써 빠지기 시작해서 두피 라인이 M자를 그리고
있었다.

"무슨 일을 하세요?"

"건축기사입니다. 밖에서 일을 많이 해요. 장가가야 하는데
노안(老顔)이라고 하니 큰일이에요."

탈모는 사람을 늙어보이게 만든다. 특히 가장 중요한 두뇌부
의 머리카락이 빠지는 것이기에 신경을 쓰지 않을 수 없다. 용모
와도 밀접한 관계가 있기 때문이다. 40이 넘어 보이는 그 사내는

고작 서른 두 살이라고 했다.

일년 사시사철 기후의 변화는 사람들의 건강에 큰 도전이 된
다. 특히 여름철에는 일사병, 열사병으로 쓰러지는 사람들도 있
고, 더위로 인해 건강관리가 소홀할 수가 있는데 이럴 때일수록
각별히 신경을 써야 한다. 가을까지 이어지기 때문이다.

우리 몸에 바로 내리쬐는 여름철 자외선은 피부는 물론 두피
까지 영향을 주는데 직접적인 노출은 강한 자극이 되곤 한다. 강
한 자외선은 두피의 세포를 손상시키기도 하는데 이는 탈모의 원
인이 되기도 하며 모낭염 등 각종 염증을 유발하기도 한다. 갑자
기 두피가 뜨거워졌다고 느껴진다면 화상이나 염증이 생긴 것일
수도 있는데 이때에는 바로 냉찜질을 하거나 쿨링미스트를 뿌려
주는 것이 좋다.

그렇다면 여름철 건강한 두피, 풍성한 머릿결을 위해서는 어
떻게 해야 할까? 일단 평소 야외 활동을 할 때에는 모자나 양산
으로 자외선을 차단해주는 것이 좋다. 그리고 헤어전용 자외선차
단제를 발라주는 것도 효과가 있다.

특히 물놀이를 하고 난 경우라면 모발이나 두피에 더 많은 관
리가 필요하다. 수영장의 소독약 성분과 바닷물의 염분은 머릿결
을 푸석하게 하며, 두피의 손상을 일으킨다. 또 땀을 많이 흘리게
되면 유분이 모공을 막아 가려움증을 유발하기도 한다.

이때에는 미지근한 물에 샴푸로 두피와 모발을 꼼꼼하게 씻어준 후 자연바람으로 충분히 말려주어야 손상을 막을 수가 있다. 다만 너무 자주 머리를 감게 되면 오히려 두피나 모발이 예민해지기 때문에 탈모는 물론 비듬이 생겨 모발의 윤기까지 잃을 수가 있으니 주의해야 한다.

건강한 두피 관리를 위해서는 초기관리가 유효할 뿐 아니라 평소의 생활습관이 중요하다. 여기에 전문가의 손길이 더해진다면 찰랑거리는 머릿결과 건강한 두피를 가질 수가 있다

두피관리는 변화가 느껴지기 전에 빠르게 시작하는 것이 좋다. 본래 머리에 열이 많은 사람들이라면 본격적인 더위에 앞서 흐트러진 열 순환 체계를 바로 잡아주어야 한다. 이는 머리만 보는 것이 아니라 우리 몸 전체의 밸런스를 맞춰주는 거라고 볼 수가 있다

우리의 모발은 발생, 성장, 퇴화, 휴지기라는 생장주기를 가지고 있다. 이중 휴지기에 접어든 모발은 머리를 감거나 빗을 때 자연스럽게 빠지게 되며 그 수는 나이, 계절, 건강상태, 유전적 탈모 성향에 따라 달라진다.

최근 연구 결과에 따르면 모발이 가장 많이 탈모되는 계절은 가을인 것으로 나타났다. 이는 여름의 영향이다. 강한 자외선과 땀, 두피의 피지분비 증가, 덥고 습한 날씨 등에 의해 한층 약해진 두피와 모발이 탈모에까지 이르게 하는 것이다.

특히, 가을철이 되면 탈모에 영향을 주는 남성호르몬이 일시

적으로 증가하면서 탈모에 영향을 주기도 한다. 테스토스테론은 인체 내 효소 즉 5-알파 리덕타아제 효소에 의해 DHT(디하이드로테스토스테론)로 전환되면서 모발이 자라는데 필요한 단백 합성을 지연시켜 결국 모발수가 줄어들게 만드는 원인으로 손꼽힌다.

가을은 오장육부 중에서 폐(肺)기운이 약해지고 마르기 쉬운 계절이며. 낮과 밤의 큰 기온차, 낮은 온도, 건조함 등으로 인한 수분손실이 모발을 거칠게 하고 가을철의 자외선도 약해져 있는 모발이 갈라지고 끊어지는 손상을 가중시키기 때문이다.

특히. 여름의 더위를 이기려고 우리 몸은 진땀을 쏟아내고 차가운 음식과 냉방기를 가까이 했기 때문에 신진대사율이 떨어져 있다. 거기에 가을의 건조하고 마른(燥)기운이 더욱 탈모를 촉진시키는 것이다.

또한 여름철 땀과 피지, 먼지 등으로 두피가 오염되기 쉬울 때 두피관리를 소홀히 했다면 오염물질들이 병균과 함께 두피에 침투한다. 아니면 두피에 남아 각질층을 형성하고 건조한 가을 날씨로 인해 각질화가 더욱 심해지면서 모근을 막을 수도 있다. 가을 탈모를 악화시키는 원인이 될 수 있다. 두피 건강은 물론 청결한 모발 관리에 무엇보다 신경 써야 한다.

두피와 모발을 청결하게 하기 위한 올바른 샴푸방법을 알아두면 좋다. 먼저 머리 감기 전 빗으로 빗질해주는 것이 좋다. 그 뒤 샴푸를 이용해 적당량을 손에 덜어 거품을 낸 다음 골고루 마사지 하듯 두피에 문지르고 깨끗이 헹군다. 특히, 모발과 두피를 적셔 피지와 각질을 불린 후 손으로 마사지하듯 샴푸해주면 두피 속 이물질이 말끔히 씻겨 나간다. 헤어린스와 컨디셔너는 두피에 직접 사용하지 않으며 미지근한 물을 사용하는 것이 좋다.

가을처럼 모발이 약해져 있을 때는 모발의 건강을 돕는 음식을 섭취하는 것도 중요하다. 탈모예방에 효과적인 성분은 바로 단백질이다. 단백질 영양소가 담겨 있는 현미, 호두, 잡곡, 검은콩, 우유, 살코기, 달걀 등이 좋으리라는 건 상식적으로도 알 수 있다. 또, 비타민 A, B, D가 많이 함유된 음식으로는 어패류, 브로콜리, 살코기, 호박, 토마토, 녹색채소가 있다. 이밖에 미네랄을 함유한 멍게, 굴, 해삼, 미역, 다시마도 모발 건강에 효과적이다.

나에게서 꾸준히 치료를 받고 음식물 조절과 자외선 차단 등을 열심히 한 그 건설기사는 더 이상의 탈모가 진행되지 않았다. 한번은 신나서 찾아오더니 큰 소리로 외쳤다.

"원장님. 정말 신기해요. 머리카락 나기 시작했어요."

나는 어린애처럼 기뻐하는 그를 다시 보며 흐뭇한 미소를 지었다. 머리카락 나면 장가가겠다는 그의 염원이 이루어지길 바란다.

기침은 만병의 시작조짐

<u>코로나19라든가, 홍콩독감, 사스, 메르스 등의 질환들은 다 호흡기 질환이다.</u>

호흡기로 바이러스가 들어오면 우리 신체는 일단 방어기전이 작동한다. 그게 바로 기침이다. 기침은 우리 몸의 중요한 방어 작용의 하나이다. 외부로부터 가스, 세균 등의 해로운 물질이나 다양한 이물질이 기도 안으로 들어오는 것을 막아준다. 또한 흡입된 이물질이나 기도의 분비물이 기도 밖으로 배출되도록 하여 항상 기도를 깨끗하게 유지시키는 작용을 한다.

기침은 후두를 포함한 기도의 자극에 의해 반사적으로 발생하는 것이 대부분이다. 그 요인은 다음과 같다.

*연기, 먼지, 이물 등의 외부물질을 흡입하면 기도에 자극이
오는 경우
*가래나 콧물, 위산 등의 내부 분비물질에 의한 자극
*각종 기도의 염증질환, 기도협착, 종양에 의한 기도침범이
나 압박 등의 원인
*귀의 고막 및 바깥 쪽 귀 부위의 자극

이렇게 기침에는 다양한 원인이 있다. 그렇기에 쉽게 단순하
게 진찰할 수 없다. 기침의 진찰은 다음과 같은 요소를 확인해야
한다.

*지속시간
*객담을 비롯한 수반증상이 있는지의 여부
*기침이 많이 나오는 시간대

보통 3주 이내의 기침은 급성기침이라 하여 상기도 감염(감
기, 급성 부비동염 등)이 가장 흔한 원인이다. 이러한 상기도 감
염 후에 8주까지 기침이 지속될 수도 있다.
하지만 기침이 8주 이상 계속되면 만성기침이라고 하는데 그
원인이 되는 질환은 아래와 같이 여러 가지가 있다.

만성 폐쇄성 폐질환/ 폐암 / 만성부비동염(축농증) / 위-식도

객담을 동반하지 않는 마른 기침을 건성 기침이라고 한다. 기침중추를 자극하는 폐사이질, 흉막 등의 자극이나 약물복용 등의 원인으로 발생한다. 객담을 동반한 기침은 보통 염증 등이 원인이 되어 나타난다.

마지막으로 시간대에 따른 기침 가운데 보통 아침 기상시 빈발하는 기침은 만성 기관지염을 의심할 수 있다. 새벽에 주로 발생하는 기침은 기관지 천식을, 겨울이 되면 악화되는 기침은 만성기관지염이나 폐기종을 의심해 볼 수 있다.

동의보감에서는 폐병칙해(肺病則咳)라 하여 기침의 근본은 폐의 병리적 현상임을 말했다. 오장육부 가운데 어떠한 장부든 이상이 생기면 기침이 발생할 수 있다고 했다. 구체적인 병리기전으로는 바람이나 냉기 더위나 추위 등의 적합하지 않은 외부 환경 및 기후를 들었다. 이로 인해 폐의 발산 기능에 일시적인 장애가 생겨서 폐의 기운이 펼쳐지지 못하고 응축되어 기침이 나는 것이다. 그리고 오장육부 순환의 이상으로 발생한 내부의 담탁한 물질이 폐에 머무르면서 폐의 생리적인 활동 기능에 장애를 입혀 기침이 난다고 설명하였다.

또한 오래된 기침은 허증성 기침이다 몸에 진액이 부족하여 습윤한 상태를 만들지 못해 마른기침이 나타난다고 설명하였다.

하지만 원인이 무엇이든지 근본적으로 몸의 정기가 실하다면 기침을 유발하는 요인이 외적이든 내적이든 병리적인 현상은 나타나지 않는다는 것이 기본 이론이다.

객담, 즉 가래를 통한 체내의 한열을 진단하기도 한다. 객담의 색에 따라 증세가 다르기 때문이다.

우윳빛에 뿌옇거나 맑은 색을 띄는 경우 → 한증(寒症)
누런 색의 점도 높은 객담일 경우 → 열증(熱症)

치료방법 또한 기침을 유발시키는 요인을 제거하며 몸의 정기를 보하는 침, 한약재 등의 방법을 응용한다. 대표적인 약재로 오미자가 있다. 오미자는 폐를 보호하고 기침을 멎게 하는 작용을 해서 가슴이 답답하면서 기침이 자주 날 때 쓰면 기침도 멎고 몸도 보할 수 있다. 도라지 또한 사포닌 성분으로 기관지에 있는 가래를 묽게 하여 가래를 동반한 기침에 주로 응용한다.

가래를 동반한 기침일 경우 가래의 색과 점도 등을 파악해야 한다. 가래에 피가 섞여 나오는 경우에는 반드시 진료를 받아 정확한 원인을 파악해야 한다. 소아나 허약자의 경우 가래 배출이 원만하지 않으면 폐렴으로 진행할 수 있으므로 주의해야 한다.

수험생의 건강관리

다큐멘터리를 보면 아메리카 인디언이나 아프리카 원주민의 경우 성인식이 아직도 남아 있는 걸 보게 된다.

성인식이란 어린아이가 성장해 일정 연령에 이르렀을 때 성인 공동체에 들어가려고 행하는 통과의례이다. 그 형태는 관습에 따라 다양하게 이루어진다. 대개는 가혹한 시련과 공포가 주어진다. 매질을 하거나 상처를 내기도 하고 외딴 곳에 보내 공포를 이겨내게 하는 곳도 있다.

현대사회에서도 이런 성인식이 남아 있다. 우리 사회의 경우 대학을 가는 입시가 그 역할을 대신하고 있다. 시련이면서 무서운 공포이다. 눈뜨고 있는 동안은 책을 봐야 할 지경인 것이 고교 시절이다. 안쓰럽긴 하지만 이왕 하는 공부라면 성공적으로 소기의 목적을 이루면 좋을 것이다.

수험생들이 공부를 할 때 부모들의 가장 큰 염려는 건강이다. 체력을 잘 지키면서 총명한 머리로 지식을 자기 것으로 하길 바라지 않는 부모가 없을 것이다. 수험생들이 입시를 준비하는 동안 가장 힘든 시기가 바로 무더위에 장기간 노출되어 수업능률이 떨어지고 졸리면서 나른한 감이 드는 여름이다. 이 계절에 가장 크게 피로증세가 나타나게 된다. 피로는 신체적 질환이 원인인 경우가 대부분이다. 하지만 이 경우에는 더위와 공부에 의한 스트레스와 과로에 의해 글리코겐이 감소되고 대신 젖산 등이 세포 내에 축적되기 때문이다. 이로써 뇌의 피로중추를 자극하고 피로를 느끼게 하는 것이 바로 수험생들이 느끼는 피로이다.

수험생들의 피로는 '피비(疲憊)', '곤비(困憊)'라고 하여 짧은 시간 휴식한다고 해서 풀어지는 것이 아니다. 오래도록 누적되었기 때문이다. 이런 경우는 머리가 무겁고 맑지 않고 항상 졸리고, 눕고 싶으며 하품을 자주하고 기억력과 추리력, 사고력, 집중력이 떨어진다. 매사 의욕이 없고 초조하며 화를 자주 내고 지구력이 저하된다. 전형적인 입시병의 증상이다.

더 나아가 뒷목에서 어깨까지 결리기도 하고, 숨이 차고 어지러우며, 쫓기는 사람처럼 가슴이 두근거리기도 한다. 눈꺼풀이 떨리고 다리에 쥐가 잘 나며, 꿈이 많아지고 가위에 눌리는 증상도 나타나곤 한다. 평소 신경이 예민하고 체력이 떨어져 있던 수험생들은 항상 미열이 있다. 근육이 무력하고 우울증이나 공포심마저 느끼기도 한다. 결국 부모는 아이를 데리고 내원하게 된다.

한방에서는 식원병(食原病)이라 하여 음식이 병의 원인이 되는 경우가 있다. 특히 지구 온난화로 갈수록 더위가 심해지고 기온이 상승하는 여름철에는 동물성 지방이나 설탕, 청량음료, 빙과류 등을 선호하게 된다. 이로 인해 비타민이나 무기질의 결핍으로 신체의 영양 불균형이 발생된다. 그러면 여름나기가 어려워질 뿐더러 청소년층에서도 성인병의 양상이 증가하는 일도 벌어진다.

수험생이라고 무조건 고기만 먹일 일은 아니다. 지나친 당질이나 지방질의 섭취를 자제하고 40여 종의 영양소를 골고루 알맞게 섭취하여 영양소간에 유기적 관계를 촉진시켜야 한다. 잉여 열량의 체내 축적을 막아야 다가오는 가을과 겨울을 견디어 입시에 전념을 할 수가 있게 된다.

이런 균형조절에 실패하게 되면 인체 내의 과잉열량으로 체내 외에 노폐물로 쌓이게 된다. 거기에 수험생의 특수 상황인 강한 스트레스와 운동부족이 가중되어 비만해지거나 무기력과 기억력 감퇴를 유발시킬 수 있다. 입시라는 것이 보다 나은 미래를 위해 지금의 행복을 유예하고 시간과 노력을 투자하는 것인데 병에 걸리면 그 의미가 퇴색한다.

이럴 경우 앞에서도 언급했지만 수험생들의 피로는 질병이 아니라는 것을 잊지 말아야 한다. 아무리 급해도 공부에 쫓기지 말고 한 순간만이라도 머릿속을 완전히 텅 비우는 듯한 과감한 휴식을 취해야 한다. 아무리 책상에 오래 앉아 있어도 능률이 오르지 않고 피로가 겹친 상태에서 하나마나인 경우가 허다하다. 어른들은 모두 한 번씩은 경험했으리라 본다. 그러니 우매한 짓을 되풀이하지 않도록 해야 한다. 수험생들이 올바른 식습관을 유지하게 하고 약간의 운동과 적절한 실내온도 유지로 공부의 능률을 높여준다. 건강을 유지하여 밝은 표정으로 마지막 남은 기간 노력하면 좋은 결과를 기대할 수 있다.

이렇게 해도 몸의 균형이 육체적으로나 정신적으로 무너졌을 경우는 한방의 도움을 받을 수 있다. 주지하듯 한약은 부작용이 적은 생약이기 때문이다. 음양의 조화를 잡아주고 체내의 순환을 도와주게 되니 부실한 곳이 실해지고 과한 부분은 덜어주게 된다. 가까운 한의원에 한번 방문하여 수험생의 건강 상담을 해주면 학생에게도 자신의 고통을 호소할 수 있는 기회가 된다. 그것만으로도 스트레스가 풀리고 부모와 공감대를 형성할 수 있다.

건강을 유지하는 방법은 의외로 매우 단순하며 보편적이다. 이것을 소홀히 하기 때문에 건강과 웃음을 점점 잃어가는 것이다. 모쪼록 수험생들이 성인식을 잘 견뎌내고 당당하게 독립한 이 사회의 시민이 되길 기원한다.

명절증후군 없이 보내기

우리에겐 민족의 최대 명절인 추석과 설이 있다.

때로 그것이 연휴와 겹치면 어마어마한 휴일로 이어진다. 여행을 가기도 하고 친가와 처가에 가서 오랜 기간 머물고 쉬다 올 수 있다.

그러나 명절이라 즐겁기도 하지만 어떤 사람에게는 건강 상태가 나빠지는 기간이 되기도 한다. 그 이유는 다음의 몇 가지로 나뉜다.

1. 장시간의 이동시간으로 발생하는 증상들,
2. 명절음식 준비과정에서 나타나는 증후들,

3. 가족 친지들과의 마찰 등으로 인한 스트레스성질환들
4. 명절기간 동안에 섭취한 음식물들에 의한 통증유발

이 모든 것들을 흔히 명절증후군이라고 한다. 이 가운데 2번은 음식을 준비하는 가정주부와 며느리들에게서 발생하는 상황으로 가장 유명하다. 명절증후군이라는 이름까지 있다. 이렇다보니 어떤 사람들은 명절이 아예 없었으면 좋겠다는 말을 하기까지 한다. 그러나 명절을 없앨 수는 없는 노릇이다. 이건 감기가 무섭다고 겨울에 밖에 안 나가는 것과 다를 바 없다. 우리가 할 일은 적절히 해소하는 것이다. 문제가 있으면 해결책도 있는 법이니까.

1.장시간 운전 증후군

명절에는 고향집을 가야 한다든가 친척집을 방문해야 한다. 장거리 운전은 물론이고 교통체증으로 오랜 시간 자동차에 앉아 있어야만 한다. 장시간 운전시 허리에 가해지는 부담을 줄이는 것이 관건이다. 일단 의자는 90-110도 가량의 각도를 유지하고, 팔을 약간 구부린 자세에서 운전대를 잡을 수 있는 거리가 적당하다. 너무 멀거나 너무 가까우면 관절에 무리가 간다. 그리고 다리는 엑셀 및 브레이크를 밟을 때 무릎이 약 120도 가량으로 구부러질 수 있도록 페달과의 간격을 유지하는 것이 좋다. 또한 엉

덩이와 허리가 좌석 깊숙이 밀착되면 조금 더 편안함을 느낀다. 그리고 1시간 30분 또는 2시간마다 10분 정도씩 목과, 어깨, 손목, 무릎, 발목관절들을 골고루 스트레칭을 해 주어야 한다. 이럼으로써 긴장된 허리 근육을 풀어 추간판 부근의 부담을 덜어 요통을 예방할 수 있다.

2. 명절음식 증후군

명절에는 많은 명절음식을 만들어야 한다. 게다가 제한된 시간 동안 준비하려면 같은 자세를 오랜 시간 유지하게 된다. 그렇게 되면 근육과 관절에 부담을 주게 된다. 가장 대표적인 것이 전을 부치는 일인데 주부들은 바닥에 오랜 시간 다리를 구부리고 쪼그려 앉는 자세로 일하는 경우가 많다. 그런 자세는 무릎에 큰 부담을 준다. 또한 장시간 앉아 있기에 혈액순환이 잘 이루어지지 않아 저림 증상이 나타나기도 한다. 관절에 가해지는 부담도 증대되어 관절통을 악화시킬 수 있다. 전통적인 방식으로 바닥에 쪼그리는 것이 아닌 식탁에 가스레인지를 얹어 놓고 음식을 하는 것을 강추한다.

음식을 장만한 뒤 청소를 해야 하는데 엎드리거나 쪼그린 자세는 좋지 않다. 선 자세로 가급적 청소를 해야 하며 대걸레, 진공청소기 등을 이용하도록 하는 것이 좋다.

3. 스트레스 증후군

추석과 설은 차례상 준비와 손님 대접으로 주부들의 가사 부담이 무척 크다. 음식을 새로 내오고 설거지감도 많아져 피로가 엄습한다. 마음 놓고 쉴 수도 없어 몸의 질병은 물론이고 강도 높은 스트레스로 인한 마음의 병도 생길 수 있다. 마음을 잘 추스르고 여유를 갖고 대처한다면 조금은 수월하게 보낼 수 있을 것이다. 주위에서도 많은 도움을 주어야 한다. 전을 부치는 일 정도는 남자도 얼마든지 할 수 있다. 설거지도 물론이다.

명절 후 한의원의 내원 환자분들 대부분이 관절질환과 스트레스성 두통, 흉통, 정충, 불안, 불면 등의 호소가 많으며, 이 모든 걸 통틀어 명절증후군이라고 부를 수 있다. 주위에서 스트레스를 풀 수 있도록 배려하는 것이 중요하다. 예민한 상태이므로 상처 주는 말을 삼가고 감사와 위로의 말을 자주 하는 것이 좋다. 스트레스를 받을 수 있는 노동과 시간을 최대로 줄이고, 위안과 릴랙스가 될 수 있는 환경을 만들어 주어야 한다. 가까운 한의원을 방문해 한의사와 상담을 통해 스트레스를 풀고 침과 뜸, 수치료 등으로 긴장된 몸의 근육과 마음의 긴장을 풀어주면 좋다.

4. 과식 증후군

또 하나 빼놓을 수 없는 질환이 바로 소화불량 증상과 함께 속이 더부룩한 증상이다. 이런 증상은 속이 미식거리고 잦은 트

림현상, 구토감, 복부팽만감 등 다른 증상을 동반하는 경우가 많다. 원인은 대부분 기름진 음식섭취와 과식, 폭식인 경우가 많다. 게다가 끊임없이 음식을 먹어 위장을 쉬지 못하게 했다든가, 운동부족, 장시간의 이동 등이 원인이 된다. 명절 때 한국인 4명 중 1명은 소화불량으로 고통 받고 있다는 통계가 있을 정도로 명절 때는 소화불량을 호소하는 사람들이 정말 많다. 음식을 충분히 소화해내는 사람에겐 불치병이 없다는 인도 속담이 있다.

그런데도 단순 체기 혹은 일시적인 소화불량으로 여기고 방치하는 경우가 많다. 만에 하나 만성 소화불량 증상을 일으키는 위장병인 위염, 위궤양, 십이지장궤양, 역류성 식도염 등으로 악화될 수 있으니 정확한 진료 후 치료 받는 것이 좋다.

한의학에서는 맞춤 한약을 통하여 체내의 담적을 없애주는 치료를 한다. 침,구 요법의 한방 치료법을 통하여 위장의 기능 강화와 청혈 작용이 제대로 이루어지도록 하여 도움을 준다.

명절은 헤어져 있던 가족들이 모처럼 얼굴을 맞대고 안부를 물으며 유대감을 강화하는 시간이다. 모쪼록 현명하게 대처하여 건강하고 즐거운 명절이 되기를 바란다.

환자가 의사이고 의사가 환자이고

코로나19 때문에 환자가 아니라 아예 사람 자체가 길거리에 안 보이는 게 요즘 현실이다.

이로 인해 사회 전체가 우울증에 빠진 것 같다. 나 역시 우울하고 힘든 일들이 자꾸 겹쳐서 용기를 내기가 쉽지 않다. 이러다가 병이라도 날 것만 같은 시기이다.

그런데 환자 한 분이 의욕과 긍지를 갖게 만들려고 나를 찾아왔다.

"원장님 안 간지러워서 살 것 같아요. 진짜 감사해요."

그 말을 듣자 심난했던 마음이 얼마나 힐링이 되는지 모른다.

다시 또 한번 시련을 이겨내리라 다짐을 하게 되었다.

　그 환자분은 올해 1월말에 지인의 소개로 우리 한의원을 소개 받았다며 경남 밀양에서 찾아온 분이다. 50대라는데 아주 동안이어서 나이보다 한참 어려보이는 미모의 여인이었다. 증세는 몇 달 전부터 얼굴과 목 앞쪽에 발생한 피부발진과 소양감이 너무 심해 여러 가지 치료를 받아도 호전되지 않아서 울산까지 나의 진료를 받기 위해 온 거였다.

　일단 너무 가렵다는 것이 주된 증상이었다. 나머지 주변 증상으로 현훈(어지럼증), 소화불량, 우측으로 발생되는 편두통, 정충(가슴 두근거림), 수족냉증, 등등이 발현되고 있었다.

　이야기를 들어 보니 증상 발현 몇 달 전 강한 스트레스와 과로가 있었다고 한다. 아마도 이로 인한 혈열(血熱)과 면역체계의 밸런스가 무너져서 피부세포를 손상시키는 병리기전으로 보였다. 환자의 심리상태 및 종합적인 몸 상태를 면밀히 진찰하고 처방을 내렸다.

　그 처방은 혈액 내에 독소를 배출시키고 항스트레스 작용을 하는 처방 구성과 소양감과 발적을 치료하는 약재를 합방한 처방이었다. 그것이 나만의 특화된 처방이다.

　처방 뒤에는 치료가 필요했다. 한의원 내원시에는 침구치료 위주로 하고 집에 가서 하는 홈캐어는 근본치료를 할 수 있게 한약을 지어 드렸다. 이럴 때 쓰는 약재는 대략 다음과 같다.

얼굴 부위의 모든 열을 발산시켜주는 약재,

혈액순환을 좋게 하여 혈액을 맑게 하는 약재,

피부의 소양증과 풍사를 흩어주는 약재,

항산화기능과 소염작용 및 정신안정작용을 돕는 약재,

항염과 면역조절에 효과 있는 약재,

소화흡수를 원활히 해주는 약재

이런 약재로 방제를 한 것이다. 좋은 결과가 있길 기원했다.

환자가 약을 가지고 돌아가서 복용한 후 2~3일이 지나니 소양감(가려움)이 줄었다고 했다. 하지만 기쁜 마음에 방심을 하고 외출했다가 다시 증상이 나타났다.

"좋아지는 듯하다가 다시 나빠졌어요. 힘들어요."

재차 내원한 환자를 살피고 새롭게 진료를 한 뒤 두 번째 한약을 처방했다.

열을 식히고 독을 없애주는 약재와 응어리를 풀고 맺혀 있는 것을 소산시키는 약재를 추가했다. 그리고 혈액을 서늘하게 하고 열을 흩어주는 기타의 약재를 첨가했다. 환자는 이렇게 다음 단계의 한약을 다시 복용했는데 처음 1주는 피부에서 다시 발진이 올라오고 가려웠지만 그 뒤로 많이 호전이 되어 이렇게 엄청 좋아졌다는 거다.

피부질환은 쉬운 치료가 절대 아니다. 치료기간도 천차만별이고 호전 속도나 반복적 증상 발현으로 꽤나 골치가 아픈 질환 중 하나이다.

피부질환은 크게 혈(血)열(熱)과 기혈의 정체로 인한 막힘이라고 본다. 피부자체의 면역이상과 내부의 면역기능 조절력 상실도 원인이 된다. 여기에 정기와 원기의 부조화로 인체 해독기능 저하시에도 나타나며 진액의 부족으로 피부의 건조함이 나타나고 트러블이 일어난다.

또 다른 원인으로는 스트레스를 들 수가 있다. 한방에서는 이 스트레스를 칠정(七情)의 난조(亂調)로 화(火)조절 실패라고 부른다. 부적절한 생활패턴과 그릇된 식습관 및 영양균형 파괴가 있으면 이런 현상이 나타난다.

이런 관점으로 세부적 진찰을 하여 원인을 파악하고 치료 방향을 정하면 거의 완치를 할 수 있지만 워낙 복잡 미묘한 질환인 것만은 분명하다. 이런 질환이기에 나는 장기전을 준비하고 있었다. 약을 바꿔가면서 맞는 처방을 찾는 일이 쉬운 게 아니기 때문이다.

그런데 이렇게 빨리 치료효과를 보게 되었다니 너무나 기뻤다. 물론 환자분이 운도 좋았다. 이럴 때 나는 한의사로서 큰 보람을 느끼게 되는 것이다.

더 열심히 환자를 치료해가며 남은 인생 보람되게 살아 봐야겠다는 각오가 생겼다. 환자분은 내가 병을 고쳐드리고 있다고 생각하겠지만 한의사인 나의 마음의 우울증은 이런 환자분들이 고쳐주고 있다.

우리 몸의 방어 체계인 면역력 향상

신종 코로나 바이러스로 인해 면역력에 대한 관심이 엄청나게 늘어나고 있다.

어떤 사람은 확진자 옆에 있어도 감염이 되지 않고, 어떤 사람은 스쳐 지나가기만 해도 중증으로 감염이 된다. 대개 노령이나 기저질환이 있는 사람들이 중증으로 심각해지게 되어 있다. 젊은 사람은 무증상으로 가볍게 앓고 지나가는 경우가 많다. 그것은 나이로 인한 면역력의 차이 때문이다. 이러다보니 사람들은 면역력이 무엇인지에 대해서 관심을 갖게 된다.

면역력이라는 것은 다른 게 아니다. 중심을 잡고 있는 인체 내부의 장기나 음양의 조화를 깨지 않도록 하는 것이다. 바이러스에 감염되었다는 것은 비유를 하자면 한 마디로 외적이 쳐들어와 이 균형을 무너뜨리는 것이다. 깨지면 균형을 잡으려는 것이 우리 신체의 조화다. 이 외적들과 맞서 싸우는 것이 면역체계라고 할 수 있다. 대개 바이러스가 코나 목구멍을 통해서 들어오면 인체는 이를 알아채고 재채기를 한다든가 기침을 해서 내보낸다.

이 단계에서 제거가 되면 좋지만 그렇지 않을 경우 체내로 바이러스의 침투가 성공한다. 모세혈관을 타고 들어와 이미 몸 안에 자리를 잡았을 때는 재채기나 기침으로 몰아낼 수가 없다. 백혈구나 대식세포가 바이러스를 잡아먹어야 한다. 그런데 이 또한 잘못된 경우에는 전면전이 벌어진다. 앓아 누우면서 온몸에 열이 나고 환자가 되는 것이다. 인체가 승리하면 회복이지만 승리하지 못할 경우에는 질병 끝에 후유증을 남기기도 하고 목숨까지 잃는 경우가 있다.

이겨내게 되면 우리 몸은 세포가 침입자를 기억해서 다음에 또 들어올 때 쉽게 싸워 이긴다. 항체가 형성되었기 때문이다. 다른 말로 면역이 된 것이다.

바이러스를 이기기 위해 면역력을 증강시키면 되지 않느냐고 반문할 수 있다. 하지만 면역력이라는 것은 그렇게 하루 이틀에 쉽게 길러지는 것이 아니다. 심신의 균형을 잃게 되면 면역력이 쉽사리 약해지기 때문이다. 영양과 섭취가 중요하지만 심리상태도 중요하다.

일단 정신적으로는 우울해지지 않아야 한다. 병에 걸렸다고 약해지면 안 된다. 공포감이나 불안감도 이겨내야 한다.

정신과 육체는 하나이기 때문에 공포와 불안함을 가지면 육체도 위축되고 면역력이 떨어지기 때문이다.

너무 예민할 필요 없고 정신적 에너지를 소모해서 면역력에 부정적인 영향을 줄 필요도 없다. 그렇기에 스트레스나 우울증을 이겨내야 한다. 긍정적인 자세와 낙천적인 생각을 하는 것이 무척 중요하다. 집에만 머무르니 우울해질 수밖에 없지만 이겨내야 한다. 가벼운 운동도 하고 상황을 받아들이며 마음을 내려놔야 한다. 조바심을 없애야 한다. 온 나라에서 온 국민이, 전세계가 고통 받고 있으니 나라고 예외가 아닐 수 없다라고 쿨한 마음가짐을 갖는 것이 중요하다. 이참에 읽고 싶었던 책도 보고 영화도 보며 시간을 보내는 것이 좋다. 그러면서 소외되지 않았다는 느낌을 받기 위해서 SNS나 전화, 문자 등으로 이웃이나 친지 친구들과 소통하는 것은 도움이 된다.

식품을 가지고도 면역력을 얼마든지 증대시킬 수 있다. 면역력을 지키려면 일단 인스턴트 음식을 멀리하고 기름진 메뉴도 줄이는 것이 좋다. 대신에 야채나 과일, 발효식품을 섭취하는 것이 중요하다. 외출하지 못하다 보니 주문 배달로 인스턴트식품을 많이 먹게 되는데 이것은 자칫하면 살을 찌게 만든다. 탄수화물과 나트륨의 함량이 높기 때문이다.

식품으로는 야채 국수나 닭가슴살 같은 것이 좋다. 여기에 배추나 버섯을 곁들이면 건강식이 될 수 있다. 음식을 먹을 때 기름진 부위는 가급적 제외하고 살코기 위주로 먹는 것이 도움이 된다. 계란과 우유도 단백질을 공급해 주지만 동물성 단백질을 먹어주는 것이 의미가 있다. 필수아미노산이 다 들어 있기 때문이다. 야채와 과일도 면역력에 도움이 되지만 당뇨환자는 주의해야 한다.

이밖에도 항산화물질을 섭취하는 것도 좋다. 도라지나 인삼차, 생강차, 녹차, 구기자차 같은 전통 차들이 노폐물을 배출하고 면역력을 증대시키는데 도움이 된다. 여기에 유산균도 도움을 주는 것으로 알려져 있다.

키 성장과 긍정효과

하루는 예쁘장하고 귀엽게 생긴 여학생이 진료를 받으러 왔다.

"선생님, 저 키가 클 수 있을까요?"

"그럼.

"그런데 대학병원에서는 1cm도 안 큰다고 진단을 받았는데요?"

물론 사람의 신체나 질병을 장담할 수 있는 한의사는 없다. 그래서도 안 되는 것이지만 지금은 강한 긍정을 보여줘야 할 때였다. 그 학생이 비염증세로 인한 만성적 피로와 스트레스의 강한 압박감으로 인해 성장할 수 있는 여력을 잃어 발생한 현상이기 때문이다. 그 사실을 차근차근 설명을 해주었다.

"이 선생님은 다리에 장애가 있어 걷지도 못하지만 긍정적인 생각을 갖고 있거든. 스트레스가 생기면 빨리 털어버리고, 하면 된다는 희망으로 여기까지 왔거든? 분명히 너도 가능하게 될 거야."

그 말을 듣고 여학생은 희망을 발견한 듯했다.

현 시대에는 아이들 신체 발달상황이 너무 좋아졌다. 180센티미터 넘는 중고생들이 수두룩하다. 평균 신장이 예전에 비해 월등하게 늘어난 게 사실이다. 2015년 기사만 봐도 지난 48년 동안 국내 청소년들의 키가 최대 10cm 가량 커진 것으로 나타났다. 통계청이 교육부의 교육통계연보를 인용해 발표한 자료에 따르면 만 17세 남학생의 평균 키는 1965년 163.7cm에서 2013년 173.2cm, 여학생은 156.9cm에서 160.8cm로 커졌다는 거다.

그런데도 요즘 키 성장으로 속상해하고 고민을 하는 청소년과 어린이들이 많이 있다. 여기에서 궁금증이 생긴다. 잘 먹고 환경도 좋아졌는데 성장이 더딘 이유는 무엇일까?

성장을 하려면 여러 가지 요인들이 잘 맞아 떨어져야 한다. 꼭 먹는 것만 좋다고 크는 게 아니라는 얘기다. 현대 아이들의 성장 지연의 대부분을 차지하는 이유들 중에는 불안 심리와 스트레스가 큰 원인이 되고 있다. 불안한 심리는 스트레스를 가져오게 마련이다. 스트레스는 우리 신체에 코티졸이라는 부신피질호르몬의 분비를 유발한다. 그 호르몬은 엔돌핀이나 성장호르몬의 분비를 억제하여 성장을 방해하게 되는 거다. 한방적으로는 칠정(喜怒哀樂愛惡欲)이 불안정하다보니 기혈순환장애로 성장을 못하게 되는 것이다.

그런데 신기한 사실 하나는 키 성장을 방해하는 요인으로 비염을 또 빼놓을 수 없다는 사실이다. 콧속의 염증이 왜 성장을 억제할까 의문이 들 수 있다. 비염이 있다는 의미는 면역기능이 약화되었다는 뜻이다. 이런 약한 면역기능을 강화하려고 신체가 거기에 집중을 하다 보니 성장에 지연이 올 수 있다.

감기든 비염이든 축농증이든 대부분 코 막힘 증상을 동반하게 마련이다. 빈번한 코 막힘은 부비동염(축농증)으로 전이될 수가 있다.

코와 눈 주위, 뇌 밑에는 부비동이라는 빈 공간이 있다. 이 곳은 점액의 분비라든지 소리의 공명이라든지 머리 무게를 줄여 경추에 부담을 덜어주는 등의 여러 가지 역할을 하고 있다. 그 가운데 특히 중요한 역할은 호흡할 때마다 들어오는 공기가 마치 자동차 라디에이터처럼 뇌의 과다 발열을 억제해주는 것이다.

성장호르몬을 분비하는 기능을 담당하고 있는 장기는 뇌하수체다. 이 뇌하수체는 해부학적으로 비강과 부비동에 둘러싸여 과열되지 않도록 보호되고 있다. 그런데 이곳이 부비동염으로 꽉 막혀버리면 뇌하수체가 과열되어 기능이 저하된다. 당연히 성장호르몬의 분비가 원활치 않아 성장에 장애가 생길 수 있다. 우리 자녀가 성장기에 있다면 우선적으로 코 질환 치료에 관심을 집중해야 되겠다. 시기를 놓치면 돌이킬 수 없다. 성장이 유난히 더딘 아이가 축농증 치료받은 후로 부쩍 키가 자라기 시작했다는 경우는 그러한 설명으로 이해될 수 있다.

코 질환이 있는 아이들은 성장발육이 더디거나 더 자랄 수 있는데 키가 덜 자라게 된다. 한 통계에 따르면 비염 등으로 코 막힘이 있는 어린이는 51%가 저성장이고, 70%의 어린이는 평균 성적이 하위권에 집중되어 있는 것으로 나타났다. 코 막힘으로 인해 입으로 숨을 쉴 수밖에 없다. 그렇다보니 숙면을 취할 수 없다. 코의 질환이 주는 영향은 단순히 코에만 국한되는 것이 아니다. 성장호르몬 분비에 문제가 생겨서 성장하는데 지장을 준다는 사실을 부모라면 기억해야 한다.

어디 그뿐인가. 항상 피로감에 시달리게 되며, 입맛도 줄어들기 때문에 충분한 영양 공급이 이루어져야 하는 시기에 차질이 생길 수 있다.

소아의 성장발육이 부진한 원인을 한방에서는 간신(肝腎)의 허약으로 인한 근골과 골수가 약한 경우로 보고 있다. 이와 같은 경우에 치료한약으로 간과 신장의 기혈을 보강하고 골수의 조혈 기능을 촉진하는 것을 처방하면 성장을 돕는 효과가 있다. 동의보감에서는 아이들의 성장발달 부진을 오지(五遲)와 오연(五軟)으로 설명한다.

五遲: 다섯 가지 느린 성장을 말함

> 立遲= 서는 게 느림
>
> 行遲= 걷는 게 느림
>
> 髮遲= 모발의 발육이 느림
>
> 齒遲= 치아의 생성이 느림
>
> 語遲= 언어발달이 느림

五軟: 아동의 체질에 따라 생기는 다섯 가지 무력증상을 말함

> 고개 가누지 못함
>
> 몸을 가누지 못함
>
> 입과 혀의 무력으로 말을 못함
>
> 살에 맥이 없어 피부가 늘어짐
>
> 팔다리 힘이 없어 버티지 못함

그 중에서 성장부진에 해당하는 행지(行遲)는 "기혈이 부족하여 골수가 차지 아니하며, 간과 신장이 모두 허약하여 온다."고 설명하고 있다. 다시 말하면 간과 신장의 기혈이 부족하고, 골수의 조혈기능이 약화되어 나타나는 성장부진에 적절한 한약을 처방하면 된다는 의미다.

그 후 키 작은 여학생은 9개월 뒤 연락이 왔다. 활기찬 목소리가 전화기 너머로 들렸다.

"선생님 저 키가 3cm나 컸어요. 고맙습니다!"

희망과 긍정의 마인드. 그리고 만성 질환의 치료를 통하여 성장까지도 이룰 수 있는 것이 참 대단한 한의학의 원리가 아닌가 싶다.

아들을 살린 부모의 선택

<u>우리나라에서 고3은 벼슬이다.</u>

온 가족이 고3 하나만 있어도 살얼음판 걷듯 숨죽이며 산다
는 말도 있다. 심지어 부부간의 사랑도 못 나눈다고 한다. 대학이
자녀의 평생 삶을 규정하는 왜곡된 교육시스템 때문에 벌어지는
웃기면서 슬픈 현상이다.

그렇게 애지중지 뒷받침하는 고3인데 무엇이 우선순위인지
생각케 하는 부모의 이야기가 갑자기 떠오른다.

개원초의 일이다. 비만한 고등학교 3학년 남학생이 부모님과
진료실로 들어왔다. 일단 표정만 봐도 잔뜩 짜증과 불만이 가득
함을 말없이 보여주었다. 대뜸 부모가 날 붙잡고 하소연이었다.

"원장님, 우리 아들 좀 살려 주십시오. 고3이라 수험공부하기도 바쁜데 몸이 계속 안 좋아 공부를 할 수가 없어요. 어떻게 하면 좋겠습니까?"

"증세가 어떤데요?"

"신장기능이 많이 떨어져서 전신이 늘 부어 있어요. 그리고 어지럼증이 있어서 심하면 잠시 기절까지 합니다."

"언제부터 그랬습니까?"

"고등학교 들어오면서 점점 나빠진 것 같아요."

나는 인상을 쓰며 세상 고뇌 다 짊어진 듯한 학생을 진찰했다. 진찰 결과 그 학생은 몸무게가 120킬로그램이 넘었다. 스트레스로 인한 비만이 원인이 되었다. 그러다보니 신진대사 장애가 오고, 과식과 폭식을 반복했다. 치킨이나 피자 등 기름진 튀긴 음식을 좋아하는데다 운동부족 등으로 기혈이 제대로 순환하지 못하고 있어서 나타나는 증상이었다. 포르투갈 속담에 다음과 같은 말이 있다.

건강과 다식(多食)은 동행하지 않는다.

"제 처방만 따르면 건강해질 것 같은데 할 수 있을까요?"

"원장님, 믿고 맡길 테니 사람 좀 만들어 주세요."

따라온 어머니가 간절한 표정으로 부탁을 했다.

"학교는요? 고3인데? 중요한 시기 아닙니까?"

"건강이 우선이지 공부가 대수랍니까? 살리고 봐야지요."

그렇게 해서 마치 학원을 다니듯 고3 학생을 치료하기 시작했다. 하루 3시간 정도씩 통원치료를 매일 받았다. 딱 학교 수업만 듣고 바로 한의원으로 와서 치료를 받는 것이다. 게다가 정신도 개조를 시켰다. 내가 살아온 이야기를 해주면서 자신의 현재 상황을 잘 극복하고 감사해야 한다고 누누이 타일렀다. 긍정적인 사고와 밝은 표정이 왜 중요한지, 웃고 살아야 하는 이유가 무엇인지 등등을 다른 환자 케이스 등을 접목하여 이야기 해주었다.

그렇게 꾸준히 치료를 한지 한 달이 지나니 몸무게가 100킬로그램 밑으로 내려왔다. 몸이 가벼워지면서 학생의 기분도 달라지고 표정이 한결 부드러워졌다. 살이 터질 듯하던 얼굴이 잘생겨지기 시작했다. 치료 3개월이 지나자 몸무게가 80대로 내려와 나는 그 학생을 일상으로 돌려보냈다. 물론 전신기능이 완전히 정상으로 돌아가게 만들어 놓았다.

질병의 정의 가운데에는 '자신의 의도에 의해 생긴 것이 아니며 생활에 큰 불편을 준다'는 내용이 들어 있다. 그렇게 본다면 어느 누구도 비만이 되고자 하는 사람은 없다. 질병을 갖고 싶은 사람도 없다. 그렇게 되는 것은 의도에 의한 것이 아니며, 비만 자체로도 생활이 불편할 뿐만 아니라 유형무형의 온갖 불이익을 받게 되니 비만은 질병이라고 분류해도 지나치지 않다.

비만이란 걸 쉽게 정의하자면 체내에 지방이 필요 이상으로 과도하게 쌓인 경우다. 과체중과는 또 다른 개념이다. 중요한 건 몸의 구성 성분 중 체지방률이 높은 사람들은 비만 관련 질병인 이상지질혈증, 당뇨병 등의 위험이 높기 때문에 비만이 질병이 된다.

우리나라에서도 매년 수십만 명의 성인 비만 환자가 생겨나고 있다. 인류의 진화과정에서 일정하게 에너지원을 섭취할 수 없기에 굶을 때를 대비해 에너지를 저장할 수 있도록 되어 있다. 그런데 요즘 과거와 다르게 고칼로리의 고지방 식품은 그 종류를 헤아리기 힘들 정도로 늘어났다. 게다가 교통수단의 발전으로 에너지를 소모할 일은 줄어들었다. 체내에 잉여 에너지가 지방의 형태로 쌓일 수밖에 없다. 덩달아 관련 질환인 당뇨병과 심혈관계질환도 급속히 늘어났다. 비만은 개인의 노력 여하로 걸리거나 낫는 질병이 아니다. 비만은 유전적, 환경적 요인과 떼려야 뗄 수 없는 질병이다. 게다가 합병증도 장난이 아니다. 절대 개인의 의지 탓만 해서는 안 된다.

흔히 비만을 날씬함의 반대로 여겨 미(美)적으로 접근하는 경우도 많은데 이는 옳지 않다. 오히려 질병의 시작이고 사망에까지 이를 수 있는 건강의 적신호로 봐야 한다. 상처가 나면 꿰매거나 소독약을 바르듯, 비만이 시작되면 치료를 시작해야 한다.

그로부터 1년 후 건널목에서 우연히 마주쳤는데 그 고3학생은 어느새 대학생이 되어 상당히 밝은 표정으로 걸어오며 인사를 했다.

"선생님, 감사합니다."

인생의 꽃을 활짝 피우기 시작한 그 학생을 보니 어머니가 우선순위를 잘 헤아린 것이 주효했음을 알 수 있었다. 아니었다면 그 학생은 대학은커녕 만성질환에 시달리며 온 가족에게 불행의 그림자를 드리우고 말았을 것이다.

6장

추 천 사

***

논어(論語) 선진편(先進篇)에는 '과유불급(過猶不及)'이라는 말이 있다. 지나침은 미치지 못함과 같다는 말을 의미하며, 어느 쪽이든 치우치지 않고 조화와 균형을 맞췄을 때 가장 이상적이라는 것을 뜻하는 말이기도 하다.

한의학은 인체의 조화와 균형을 가장 중요하게 생각하는 의학이다. 이 책의 저자인 이승헌 원장은 1989년 한의대를 입학함과 동시에 시작된 한의학과의 운명적 조우를 통해 30여 년 간 5만 여명의 환자를 한의학으로 치료해 왔다. 특히, 어린 시절 가지게 된 신체적 장애에도 좌절하지 않고 가난하고 소외된 이웃을 돕는 '약손봉사회'를 창단하여 지금도 한의학의 '인술제민' 사상을 널리 알리고 있다. 이런 의미에서 이승헌 원장의 삶에 대한 마음가짐을 담은 이 책은 부족함을 채우려 노력하고, 넘침을 경계하여 덜어냄으로써 균형과 조화를 중시하는 그의 인생철학이 고스란히 담긴 개인의 역사이자 인생 후배들의 훌륭한 지침서가 될 것이라 믿어 의심치 않는다.

〈자기헌신〉의 발간을 진심으로 기쁘게 생각하며, 이승헌 원장의 일상과 임상을 기록한 이 책을 통해 보다 많은 사람들이 몸과 마음의 조화를 이루는 건강한 삶을 찾아가길 기대한다.

대한한의사협회 회장 **최 혁 용**

***

이승헌 원장! 인생을 어떻게 살아야 되는지를 아는 한의사다. 36년간 대학에서 교편을 잡고 한방병원에서 근무하면서 진료, 연구, 교육의 세 마리 토끼를 쫓던 나에게 제자들이란 떼어 놓을 수 없는 인생의 중요한 부분이다. 수많은 제자들이 1년에 적어도 약 80명 이상씩 거쳐 갔으니, 36년이면 거의 3000여 명의 제자가 나의 강의와 임상실습을 받으며 한의사가 되었을 것이다. 그중에 적지 않은 제자들은 이름과 얼굴이 정확하게 매칭된다. 학회나 사회 활동중 우연히 만나는 경우 제자라고 인사를 하면 "아! 그래요? 몇 년도 학번이죠?"라고 물어야 하는 제자가 아마도 태반일 것이다. 경주에 대학과 병원이 같이 있던 시절의 제자들은 상당수 얼굴을 기억할 수 있다. 초창기라 생기는 문제들을 학생들과 논의하고 해결하느라 거의 동고동락하며 생활했기 때문이다. 그러나 1989년에 서울의 부속한방병원으로 옮긴 뒤 강의와 임상실습 시간에만 대면함으로써 애석하게도 그렇게 많은 제자들을 기억하기가 어려워졌다.

그런데도 내가 이승헌 원장을 쉽게 기억하는 이유는, 몇 가지가 신체적 특징도 있지만 코가 아주 탐스럽게 잘 생겼기 때문이다. 늘 밝은 표정에 긍정적인 생각으로 강의와 임상실습에 임하는데 그늘진 구석을 찾아보기 어려울 정도로 적극적이고 활달했다. 학업성적이나 품행과는 별개로 그 많은 전공과목을 이수하며, 졸업을 할 때까지 낙제 한번 안 하고 살아남았다는 사실만으로도 면허의 자격은 차고도 넘친다. 뿐만 아니라 박사학위까지의 과정을 이수하고 학위를 취득하였으니 그의 의지와 인내심, 그리고 성취욕을 가늠할 수 있다.

졸업하면 대부분 멀어지는 제자들과는 달리 이승헌 원장과 나를 이어주는 끈끈한 연결고리는 요즘의 그 흔한 SNS 덕분이었다. 자주 근황을 접할 수 있었고, 그가 사는 방법과 과정을 쉽게 접할 수 있었다. 정말 열심히 재미있게 사는 제자이고, 두주불사로 주변과 소통하고 화합할 줄 아는 친구다. 나의 페북이나 SNS에 가끔 접속하여 "좋아요"를 클릭하여 주거나 댓글을 달아주곤 하는 정겨운 제자 중 하나이다.

그의 책 〈자기헌신〉을 읽어보니 나 자신도 모르게 빠져 들어가는 재미와 진지함을 느꼈다. 소설도 아니고 수필도 아니면서 담담히 자기의 인생 역정을 거부감 없이 물 흐르듯 펼쳐낸 이승헌 원장의 값진 역작을 통해 인생을 어떻게 살아야 하는지 느낄 수 있다면, 그리고 지금의 우리 자신들이 왜 행복한지를 알 수 있다면 이 책의 가치는 그 소명을 다한 작품이라고 생각하기에 추천한다.

동국대학교 한의과대학 명예교수/대한한의학회 명예회장 김 갑 성

＊＊＊

이승헌 원장은 참 별난 사람이다. 장애인 한의사라는 것부터가 그렇지만 주위 사람을 편안하고 유쾌하게 만드는 재주가 있다. 그래서인지 참 많은 사람들이 그를 좋아하고 따른다.

그가 책을 낸다고 하니 많은 사람들이 모여들어 서로 도움이 되겠다고 나서고 있다. 책이 나오기도 한참 전부터 책을 사겠다고 선주문 한 사람들이 줄을 이었다고 한다. 이 원장에게 도움의 빛을 진 사람들이 어찌 그리 많은지. 참 유별나다는 생각이 들었다. 대단한 인덕의 소유자가 틀림없다.

이 책은 그동안 한의사들이 낸 많은 책들과 유사한 건강서적이 아니다. 물론 그가 진료하면서 만난 많은 환자들의 이야기가 있겠지만 그는 환자의 마음의 병을 읽어내는데 더 큰 힘을 쏟는다. 더위와 화병에 시달리는 환자에게는 한여름에도 차갑고 가냘픈 자신의 다리를 보여주며 마음을 식혀준다. 불행을 불행하다고 생각하지 않고 당당하게 받아들이고 편안하게 웃을 수 있는 여유. 불행에서 아직도 벗어나지 못하는 장애인들이 있다면 그러한

이 원장의 여유가 큰 위안이 될 수 있을 것이다.

이 원장은 자신의 오랜 봉사활동을 통해 자신의 불행을 감사함으로 바꾸어 놓았다. 30여 년간 의료봉사를 통해 어려운 사람들과 함께 하면서 그들을 돕고 함께 하면서 감사함을 배웠다고 했다. '약손봉사회'에 함께 해온 많은 사람들이 그의 동지이고, 친구이고, 행복전도사들이기도 하다.

이 책은 이승헌 원장의 자서전이면서 동시에 감사함과 행복을 전도하는 건강서적이기도 하다.

무엇이 우리를 건강하고 행복하게 만드는가? 남들이 보기에 불행하다 어렵다고 해도, 그것을 여유와 웃음, 그리고 타인에 대한 배려와 봉사를 통해 얼마든지 불행도 행복과 감사함으로 바꾸어 놓을 수 있음을 보여준다. 유별난 사람. 이승헌 원장의 인생을 읽고 행복과 감사함을 공유해보기 바란다.

전 경상일보 대표이사 사장 / 전 조선일보 사회부장/ 배명철

＊＊＊

삶의 여정 중에 지치거나 길을 잃은 느낌에 답답할 때 지혜를 얻고자 위인전을 읽으면 도움이 될 때가 있다. 앞으로 그런 사람에게 이승헌 원장의 책을 권하면 되겠다. 한의원에 방문해 상담 한번 해 보라고 말해도 되겠다.

우리 아들의 유치원 행사에서 이승헌 원장님을 처음 보았다. 휠체어를 탔는데 목소리가 좋고 말을 아주 유창하게 잘 하는 사람이었다. 간혹 만나면서 마음이 바르고 넉넉하다는 느낌도 들었다. 이 책을 보니 그런 품성이 그냥 생긴 게 아니라는 걸 알고 마음이 숙연해진다. 나는 이승헌 원장과 다른 삶을 겪어 왔지만, 책을 읽으면서 계속 스스로를 돌아보게 된다. "재상 위징이 나의 언행을 바로잡을 수 있는 거울"이라고 했던 당나라 태종의 말이 생각난다. 이 책은 거울이 되기에 충분하다.

삶에 대한 치열한 고민이 필자의 속을 매우 깊게 파 우물물과 같이 지혜가 샘솟게 했다. 어려움을 극복해 나가는 의지가 필자의 장애가 있는 다리를 제외한 몸과 정신을 곰처럼 강하게 만들었다는 생각이 든다.

이 책은 보통 사람들이 흔히 접하지 못하는 경험들을 소개하면서 개인적 삶에 대한 조언, 사회적 문제에 대한 제언을 잘 표현했다. 건강을 위한 한의학 지식은 물론이요, 마음을 열고 소통함으로써 마음과 건강을 든든하게 가꿀 수 있다는 것을 비롯해, 현대 사회 속에서 삶을 꾸려 나가는 데 도움이 되는 조언들로 가득하다.

* * *

부족한 건 채우고 넘치는 건 덜어주는 것이 건강이며 행복이라는 이승헌 박사의 말이 많은 부모와 자녀에게 응원이 될 거라고 생각한다. 장애를 수용하고, 세상과 소통하며, 봉사하고 나누는 삶을 아는 멋진 그가 우리에게 내미는 손을 잡고 함께 성장하길 바란다.

* * *

승헌 형을 처음 봤을 때의 기억을 떠올려본다. 너무나도 친근한 동네 형 같은 모습이었기에 조금 놀랐다. 아마도 많은 환자들과 소통하고 교감해서 그랬으리라.

사람은 살면서 가장 오랫동안 지키고 싶은 게 무엇이냐는 질문에 부와 명예보다는 건강이 우선이라는 말을 한다. 승헌 형은 장애를 갖고 있으면서도 건강으로 고통을 겪는 사람들에게 희망을 던져주는 사람이다. 독자들이 이 책을 읽고 승헌 형이 얼마나 많은 일들을 겪고 베풀면서 살았는지 보다는 세상을 바라보는 시선과 그것을 헤쳐 나가는 지혜를 엿봤으면 좋겠다.

* * *

수많은 자기계발 서적들의 홍수 속에서 독자들은 혼란스러운데 저자는 확실히 자신의 삶을 개선하는 방법을 알고 있다. 그리고 이웃과 더불어 사는 구체적인 방향을 제시한다. 자신의 삶을 좀 더 나은 것으로 만들고자 하는 사람이라면 꼭 읽어야 할 필독서다.

* * *

신체의 장애를 딛고 아름다운 삶을 살아가는데 노력하고 애씀에 뜨거운 찬사를 보낸다. 세상의 상처까지 치유하는 약손 이승헌 원장의 손끝이 너무도 아름답다.

***

소아마비로 인하여 불편한 삶을 살아오고 있음에도 그를 대하면 어떤 그늘도 찾을 수가 없다. 목발을 짚고 휠체어에 앉아 있으면서도 그는 항상 밝고 당당하다. 평소 실천하며 살아온 진실한 삶의 이야기들, 편견 없이 살아야 하는 세상을 향한 용기 있는 외침들은 읽는 내내 감동이었다.

우리 한번 들어가 보자. 그의 세상을 향한 밝은 외침과 당당한 도전의 세계로! 거기서 굳건하게 세상을 살아갈 수 있는 용기를 얻으레!

문산중앙병원 이사장 나형중

***

'허준'이 되고 싶은 장애를 가진 아이가 육체 뿐만 아니라 정서적 치유까지 하는 한의사가 된다. 이에 그치지 않고 의술에 봉사까지 더해서 자신의 삶을 승화시킨다. 코로나 19로 힘든 요즈음 나에게 행복에 대한 질문에 답을 주는 책이다.

인석의료재단/ 보람병원 이사장 김성민

***

다양한 생각을 지닌 사람들이 밀집되어 살아가는 도시에서 익명의 사람들이 마음의 경계를 낮춰 서로의 일상을 보듬는 일은 경이롭다. 관심사 중심으로 각종 SNS를 활용, 소통하며 정보를 주고받는 일들은 현대사회의 또 다른 온라인 커뮤니티 형태로 자리했지만 실제 대면하여 일상을 공유하며 친밀성을 키우는 일은 쉽지 않다.

필자가 아는 한의사 이승헌은 그러하다. 그 경이롭고 쉽지 않은 일들의 중심에 있으며, 많은 사람들 속에서 밝고 활기찬 긍정의 힘을 만든다. 행복한 사람이다. 어떠한 의도나 인위적 이해관계 없이 사람과 사람을 이어가는 선한 영향은 주변에 많은 사람들까지 행복하게 만드는 힘이 있다.

네가 느끼는 작가 이승헌은 그러하다. 한의원을 찾는 환자나 상담자, 주변의 지인들, 책에 소개한 이사모, 무조건적인 가족사랑 등 작가의 글 마디마디에서 진정성이 느껴진다. 그리고 한의사가 되기 위한 솔직담백한 경험담도 들려줬다. 여전히 우리 사회에 다른 모습으로 불평등은 존재하는지 돌아볼 일이다.

작가는 "나의 행복을 통해서 세상에 기여하고 싶다."고 하였다. 이 한 문장으로 더 넓은 세상과 희망을 주는 소통 '길을 뚫어 오고, 뚫어 나아갈' 작가 본인의 소명을 피력하였다. 이 책을 만나는 독자들 마음이 단단해지는 계기가 되고, 일상에서 감사함으로 행복해지리라 믿는다.

마을공동체만들기지원센터/ (마을기업지원단) 센터장 박가령

***

사랑하는~브라더~♡

승헌 형님의 자서전 출간을 진심으로 축하드립니다~♡

항상 긍정적인 생각과 에너지로 자신보다 주위 분들을 더 위해주시는 모습이 처음 뵐 때부터 좋았습니다. 이승헌~화이팅~♡

청담치과원장 임태근

***

이승헌 원장과의 첫 만남은 생방송 스튜디오에서였다. 대부분의 출연자들이 겪는 카메라 울렁증도 없는 듯 보였고 방송도 잘하기에 괜한 관심을 갖게 되었다. 두 번째 방송을 마치고 대뜸 "형님"이라고 부르기에 맞장구를 쳤고 이 후 우리는 술친구가 되었으며 여전히 인연을 이어가고 있다.

그런 그가 이번에 한의원 원장이 아닌 작가로 데뷔를 한단다. 〈자기헌신〉 나도 참 좋아하는 말인데 이승헌 작가가 선점해 버렸다.

작가 이승헌은 참으로 넘치지도 않고 부족하지도 않은 사람이다. 그는 언제나 어디서나 균형감을 잃지 않으며 주변을 먼저 생각하고 챙기는 따뜻한 심성도 가슴속에 넣고 다니는 정말 부러운 사람이다. 그런 그가 환자를 돌보고 강연과 봉사활동을 다니며, 또 방송도 하면서, 체험하고 느낀 삶의 조각들을 정성스런 문장에 실어 자신의 첫 자기계발서 〈자기헌신〉을 세상에 선보인다. 바람이 있다면 이 책이 세상의 많은 사람들에게 작은 빛으로 다가가길 기원하며 다시 한 번 출간을 축하한다.

전울산MBC 아나운서 국장/철학박사/현 동명대학교 겸임교수/방송인 최진구

＊＊＊

무거운 듯, 가벼운 듯.

그의 삶의 기록과 생각과 가치관.

누구나가 겪지는 않지만 누구나가 겪을 수 있는 일상들. 그 속에서 이어지는 삶의 노련함과 아름다움이 글속에 있어 무거운 듯, 가벼이 읽고 나면 내면을 두드려주는 힘이 가득한 필력이 느껴진다.

현대오일터미널(주) 운영지원팀 부장 박기일

＊＊＊

내 몸에서 어떤 일들이 일어나고 있으며 얼마만큼 알고 있는지 생각해보면 나는 정말 아무것도 모른 채 살아왔던 것 같다. 몸이 아프면 그냥 견뎠고, 저절로 낫기를 바라며 지나갔다. 선제적으로 예방하고 면역력을 강화해야겠다는 생각을 해본 적이 없다. 그러니 현대인은 나처럼 운 좋게 살고 있는 듯하다.

이제 그렇게 살 필요가 없다. 이승헌 한의사의 이 책은 우리를 잘 돌볼 수 있게 해준다. 마음과 육체 모두를. 우리는 건강하게 더 행복하게 살 수 있을 것 같다.

동화작가 고정욱

＊＊＊

드라마 〈동의보감〉 이래 급격하게 어려움을 겪고 있는 한의학계에서 이승헌 원장의 노력이 도움이 될 것 같다. 건강에 관심이 있고 그로 인한 사회봉사에 관심 있는 이들이 꼭 읽어야 할 책이 〈자기헌신〉이다. 이 책은 자신의 삶을 아끼고 발전시키고자 하는 사람에게 필독서다. 우리가 그의 삶의 목소리에 귀 기울인다면, 지혜와 건강이 일치되는 삶을 살게 될 것이다.

시인 강만수

6장

축화(祝畫)

컷: 무거고등학교 교사 신진환